静岡県のおすすめ100泉

静岡県は全国有数の温泉県。
「のんびりと湯に浸かってリフレッシュしたい」
「疲れた身体を癒やしたい」
そんな時、思い立ったらすぐに行ける
いい温泉が近くにたくさんあります。
富士山や大海原など大自然に抱かれる絶景の湯、
昭和な風情にほっこりするレトロな湯、
親しい人とゆったり過ごしたい貸切風呂、
ランチやディナーの美食付き温泉など…
多彩な「日帰り0泊温泉」を集めました。
温泉の後はおいしい「寄り道グルメ」も楽しんで
近場で〝湯ったり〟してみませんか。

近場で湯ったり

日帰り0泊温泉

静岡県のおすすめ100泉

体感あるのみ！ 個性派風呂

まだまだあります。0泊お湯自慢45泉

◎データの見方

📞……	電話番号
住……	住所
営……	日帰り温泉に対応している営業時間
休……	定休日（年末年始、GW、盆休み、メンテナンス日などは省略）
￥……	料金
湯……	風呂の種類（露天風呂、内湯、貸切などについて数を記載）
施……	風呂以外の付属施設
交……	交通手段と所要時間の目安

●情報は2021年1月現在のものです。定休日、営業時間、価格等は変更になる場合があります。●新型コロナウイルス感染拡大防止のため、施設によっては一部、現在休止中のサービスもあります。お出かけの際は事前にお問い合せください。●価格は税込表記を基本としています。●入湯税については基本、省略しています。●掲載写真は取材時のもので、内容が異なる場合もあります。施設写真は各施設の提供によるものと、編集部撮影のものを使用しています。●温泉DATAは各施設に対するアンケートに基づき掲載しています。

▶御胎内温泉健康センター(P18)
▶ヘルシーパーク裾野(P46)
▶気楽坊(P113)
▶茶目湯殿(P90)
▶レンブラント
プレミアム富士御殿場(P76)
▶木の花の湯(P52)
梅ヶ島温泉
▶梅薫楼(P116)
▶湯元屋(P117)
▶富士山恵みの湯(P114)
梅ヶ島新田温泉
▶黄金の湯(P49)
畑毛温泉
▶大仙家(P41)
▶富士見館(P113)
湯河原温泉
▶ニューウェルシティ湯河原
いずみの湯(P104)
▶湯郷三島温泉(P112)
清水西里温泉
▶やませみの湯(P64)
▶湯~トピアかんなみ(P112)
熱海温泉
▶オーシャンスパ Fuua(P6)
▶龍宮閣(P28)
▶山田湯(P32)
▶駅前温泉浴場(P38)
▶熱海TENSUI(P70)
▶日航亭・大湯(P103)
▶湯宿一番地(P104)
▶竹倉温泉みなくち荘(P39)
平山温泉
▶龍泉荘(P36)
▶駿河健康
ランド(P114)
▶源泉駒の湯荘(P40)
伊豆長岡温泉
▶正平荘(P74)
▶おふろcafe bijinyu(P48)
▶柚木の郷(P100)
▶百笑の湯(P110)
中伊豆温泉
▶ホテルワイナリー
ヒル(P110)
伊東温泉
▶かめや楽寛(P58)
▶横浜藤よし伊豆店(P62)
▶ホテルラヴィエ川良(P105)
▶ハトヤ大漁苑(P105)
▶リバティーリゾート
久能山(P88)
戸田温泉
▶道の駅くるら戸田
壱の湯(P111)
青羽根温泉
▶伊豆市湯の国
会館(P109)
▶松之湯(P115)
▶伊豆高原の湯(P106)
土肥温泉
▶弁天の湯共同浴場(P26)
▶楠の湯共同浴場(P27)
▶共同浴場 元湯温泉(P27)
▶土肥マリンホテル(P111)
城ヶ崎温泉
▶花吹雪(P72)
▶赤沢日帰り温泉館(P56)
天城湯ヶ島温泉
▶テルメいづみ園(P109)
大川温泉
▶磯の湯(P106)
堂ヶ島温泉
▶沢田公園露天風呂(P108)
▶用宗みなと温泉(P117)
北川温泉
▶黒根岩風呂(P10)
▶吉祥CAREN(P66)
▶磯の湯(P106)
大滝・七滝温泉
▶AMAGISO-天城荘-(P16)
大沢温泉
▶依田之庄(P99)
▶山の家(P102)
熱川温泉
▶熱川プリンスホテル(P14)
▶ホテルカターラ
リゾート&スパ(P107)
▶観音プリンシプル(P42)
河内温泉・蓮台寺温泉
▶金谷旅館(P34)
▶クアハウス石橋旅館(P98)
やいづ黒潮温泉
▶汀家(P78)
▶エキチカ温泉・
くろしお(P118)
▶松風閣(P118)
稲取温泉
▶稲取東海ホテル湯苑(P12)
▶石花海(P24)
下賀茂温泉
▶休暇村南伊豆(P86)
▶南楽(P94)
▶銀の湯会館(P108)
峰温泉
▶踊り子温泉会館(P107)
下田温泉
▶下田大和館(P60)

近場で湯ったり

温泉0泊日帰り

静岡県のおすすめ100泉

INDEX MAP

南アルプス赤石温泉
▶白樺荘(P20)
▶口坂本温泉浴場(P115)
▶湯ノ島温泉浴場(P116)
接岨峡温泉
▶森林露天風呂(P122)
寸又峡温泉
▶美女づくりの湯(P50)
▶翠紅苑(P80)
▶晴耕雨読ヴィレッジ(P121)
▶飛龍の宿(P121)
白沢温泉
▶もりのいずみ(P25)
川根温泉
▶ふれあいの泉(P120)
▶川根温泉ホテル(P120)
▶瀬戸谷温泉ゆらく(P119)
▶あらたまの湯(P125)
田代温泉
▶伊太和里の湯(P119)
▶ならここの湯(P65)
三ヶ日温泉
▶浜名湖レークサイドプラザ
万葉の華(P101)
▶倉真赤石温泉(P96)
倉真温泉
▶真砂館(P51)
▶翠月(P123)
▶風と月(P63)
浜名湖かんざんじ温泉
▶舘山寺サゴーロイヤルホテル(P22)
▶華咲の湯(P82)
▶時わすれ開華亭(P84)
▶RAKU SPA
Cafe 浜松(P89)
▶掛川つま恋温泉
森林の湯(P123)
弁天島温泉
▶浜名湖リゾート&スパ
ジ・オーシャン(P124)
▶磐田天神の湯(P124)
▶袋井温泉 和の湯(P87)
雄踏温泉
▶THE HAMANAKO(P125)
▶さがら子生れ温泉会館(P122)

日帰り
0泊
温泉

感動！絶景露天風呂

熱海市
熱海温泉

オーシャンスパ Fuua《フーア》

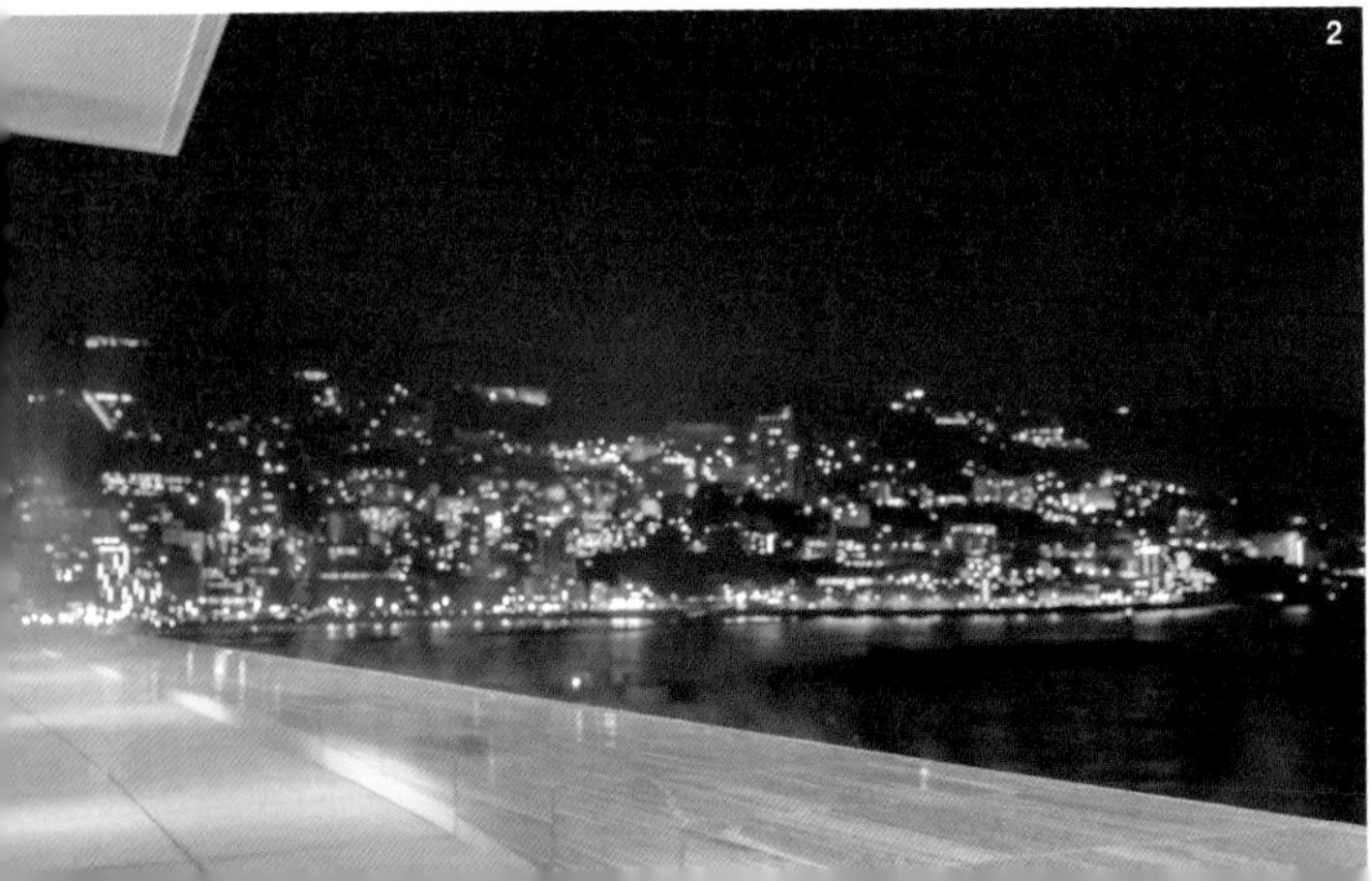

1.海と空、湯船が一体化したかのような「露天立ち湯」 2.夜景を楽しみたいなら、お得なアフター5もある 3.全長約25mの湯船をたっぷりの自家源泉の湯が満たす

一体感と浮遊感
トを満喫しよう

3

日帰り温泉施設「オーシャンスパ Fuua」で一番の目玉は、日本最大級を誇る全長約25mの「露天立ち湯」。目の前に相模灘が広がり、湯船と海が一体化したように感じられる話題のインフィニティ温泉だ。立って入るスタイルも独特で、海に浮かんでいるような感覚を体感できる。青空と海のコントラストが美しい昼間の時間帯もいいが、夕景や夜景、特に夜空に咲く熱海名物「熱海海上花火大会」の光景は格別だ。

そのほか、絶景と天然温泉で贅沢な気分に浸れる「かけ流し露天湯」や温泉に水素を加えた「水素泉」「眺望内湯」「冷水泉」「展望サウナ」を配した内湯がある。趣の異なる8つの休憩ラウンジ&テラス、カフェ、リラクゼーションスペースもあるので思う存分、絶景と湯浴みを満喫しよう。

火山の赤、海底の青をイメージした2種類の岩盤浴、うたた寝を誘う温睡浴「Torkkua(トルッカ)」、草原風の温かい芝生で寛げる温談浴「Pulista(プリスタ)」など、新感覚の温活スペースもぜひ試したい。

海辺のリゾートを満喫できる休憩スペース「オーシャンラウンジ」

4.展望サウナからも海と空を一望できる　5.室温・湿度の異なる赤と青2種類の岩盤浴がある。写真は海底をイメージした「Meressa（メレッサ）」　6.フィンランド語で居眠りを意味する「Torkkua（トルッカ）」。寝心地の良さも最高　7.温かな草原をイメージしたフロアに寝転んでリラックスできる「Pulista（プリスタ）」

6

4

7

5

8."伊豆の食"を1000種類以上取り揃えた「ラ・伊豆 マルシェ」 9.果実たっぷりのドリンクやサンドイッチが人気の「伊豆フルーツバー」を併設

オーシャンスパ Fuua

0557-82-0123

●住／熱海市和田浜南町10-1 ●営／10:00～22:00(最終入館21:00) ●休／不定休 ●¥／大人(中学生以上)2500円(アフター5は1500円)、子ども(4歳～小学生)1800円(1000円)※土日祝日は料金が異なる ●湯／[露天]男2、女2 [内湯]男2、女2 [その他]サウナ、岩盤浴、温浴、エステ、手もみリラクゼーション、アカスリ ●施／カフェ、休憩処 ●交／東名沼津ICから45分、JR熱海駅からシャトルバス10分

温泉DATA

泉　源	かけ流し露天湯:源泉、かけ流し、加水 その他:循環、加温、加水
泉　質	カルシウム・ナトリウム塩化物泉
源泉温度	55℃
湧出量	毎分155ℓ
効　能	慢性皮膚炎、慢性消化器病、冷え性、関節痛など

ちょっと寄り道

～ Chotto Yorimichi ～

フワッととろける絶品穴子

相模湾や駿河湾で獲れた地魚を、酢の利いたシャリで握る江戸前寿司の名店。まずは宮家別荘でも振る舞われた「穴子」と、エビと大和芋を合わせた薄焼きの「玉子焼き」をぜひ味わいたい。

1.有名人も訪れる創業90年の老舗 2.「穴子」1540円、「玉子焼き握り」550円

熱海銀座 寿し忠《すしちゅう》

0557-82-3222

●住／熱海市銀座町7-11 ●営／11:00～15:00、17:00～20:00 ●休／水曜 ●駐／あり

伊豆一の絶景と楽しむティータイム

アカオリゾート公国の高台に立ち、相模湾を一望するロケーションが魅力。「季節のパフェ」は旬の果物とソルベ、パイなどが入った人気の一品。食感や味のコントラストを楽しみながら最後の一口までおいしさを堪能できる。

1.どの席からも絶景を楽しめる 2.写真映え間違いなしの「季節のパフェ」1420円

Restaurant & Sweets 花の妖精

0557-82-2200

●住／熱海市熱海1993-65 ●営／10:00～16:00 ※ランチ11:00～15:00LO ●休／火・水曜(祝日営業、代休あり) ●駐／あり

海抜0m！目の前が海！
波打ち際の露天風呂

1

1.迫力ある波音が響く男性用露天風呂　2.男湯から少し離れた場所にある女湯　3.伊豆諸島も望める女性用露天風呂　4.気軽に立ち寄れる公共露天風呂

東伊豆町

北川温泉

黒根岩《くろねいわ》風呂

自然に囲まれた風光明媚な北川温泉にある公共露天風呂は、海抜0mで海が目前。湯に浸かると目線と同じ高さに水平線が続き、波しぶきがかかるほどだ。

全国から温泉ファンが訪れる自慢の天然温泉は、季節や時間ごとにさまざまな海の表情を堪能でき、解放感あふれる眺望に思わずため息がでる。

湯は保温力が高いと言われる塩化物泉で、湯上がり後は塩のベールに覆われたよう。温泉成分で肌が守られ、ぽかぽかと気持ちいい。血行不良を改善するとも言われ、後からジワジワと体の芯から温まり、それが持続するそうだ。

開湯から60余年の歴史があるこの露天風呂は「湯守人(ゆもりびと)」と呼ばれる地元有志が懸命に守り続けている。これまで何度も台風被害に遭ったが、その都度彼らの手で修復を繰り返し、営業再開を果たしてきた歴史がある。伊豆・北川の宝として、郷土の誇りとして愛され続けている温泉だ。

2

3

4

黒根岩風呂

0557-23-3997(北川温泉観光協会)

●住／賀茂郡東伊豆町奈良本　●営／10:00～18:00(最終入場17:45)　●休／荒天時　●¥／大人(中学生以上)600円、子ども(小学生)300円　●湯／[露天]男2、女1　●交／東名沼津ICから100分、伊豆急行伊豆北川駅から徒歩7分

温泉DATA

泉　源	源泉、かけ流し、加水
泉　質	ナトリウム・カルシウム-塩化物泉
源泉温度	70.4℃
湧出量	毎分約200ℓ
効　能	神経痛、筋肉痛など

ちょっと寄り道

～ Chotto Yorimichi ～

浜風と太陽がおいしさの秘密

創業52年、手作りの稲取キンメ加工品や干物を扱う海産物専門店。おいしい干物は浜風と太陽のおかげ。キンメのオリーブオイル漬けや味噌漬け、継ぎ足しで使い続ける秘伝のタレで仕上げる煮付けのほか、イカやタコなど種類豊富な塩辛も人気。

「伊豆の極」7938円。8種の干物、煮付け、味噌漬けの豪華セット

伊豆山田屋海産

0557-23-2077

●住／賀茂郡東伊豆町大川160-14　●営／7:00～17:00
●休／不定休　●駐／あり

奈良本に伝わる郷土料理

築300年以上たつ農家の屋敷を利用した店内には、土間や囲炉裏があり昔懐かしい雰囲気。奈良本に伝わる郷土料理を味わえる。猪鍋や焼き肉、鹿刺し、麦とろ、田舎うどん、蕎麦のほか、自然薯を小麦粉と卵で練った名物「へらへら餅」もおすすめだ。

地元の野菜や山菜で旬を味わう「山桃定食」梅2750円～

山桃茶屋

0557-23-0115

●住／賀茂郡東伊豆町奈良本119　●営／11:30～19:00
●休／木曜　●駐／あり

東伊豆町

稲取温泉

稲取東海ホテル湯苑《ゆうえん》

海の絶景を満喫！
16種類の湯船で温泉三昧

稲取で最も古い元湯第1号の温泉と、海の絶景を満喫できる。5階「洋々湯苑」と3階「遊々湯苑」にある、計16種類の湯船で人気が高いのは、開放的な展望露天風呂。目の前に広がる眺望は、まるで海と空が描き出す名画のように美しい。ほかにジャグジー、座湯、寝湯、打たせ湯、ハーブ湯、サンゴの壁がユニークなサンゴサウナなどがあり、日帰りでも充分に湯めぐりが楽しめる。

泉質は、保湿効果が高く無色透明な塩化物泉。海水の成分に似た塩分を含み汗の蒸発を防ぐことから、「熱の湯」と言われるほど。体の芯からじっくりと温まることができ、保湿効果が高いのもうれしい。この温泉成分をベースにしたオリジナル化粧水を販売しているのでお土産にしてもいい。

貸切風呂、波打ち際露天風呂「渚」、最上階の舟形露天風呂「海舟苑」は、宿泊客優先だが、空いている時は別途料金で利用できる。日帰り入浴は予約不要だが、週末などは電話確認を。

1.開放感あふれる「洋々湯苑」の展望露天風呂
2.温泉に浸かりながら見る夕景も素晴らしい（展望露天風呂）　3.「遊々湯苑」の「寝湯」　4.湯上がり後は海を望むテラス席でひと休み。天気が良ければ伊豆七島まで見える

1

稲取東海ホテル湯苑

📞 0557-95-2121

●住／賀茂郡東伊豆町稲取1599-1　●営／15:00～20:00　●休／不定休　●¥／大人（13歳以上）1000円 ※土日特定日1500円、子ども（5歳～）500円 ※土日特定日750円　●湯／［露天］男1、女1　［内湯］男1、女1　［貸切］2（有料）　［その他］座湯、寝湯、サンゴサウナ、バイブジャグジー、洞窟湯、水風呂など　●施／売店、宿泊　●交／東名沼津ICから90分、伊豆急行伊豆稲取駅からシャトルバス4分

♨ 温泉DATA

泉　源	源泉、かけ流し（一部）、循環、加水（一部）
泉　質	ナトリウム・カルシウム-塩化物泉
源泉温度	71.4℃
湧 出 量	毎分約150ℓ
効　能	神経痛、筋肉痛、冷え性、疲労回復、慢性婦人病、五十肩など

ちょっと寄り道

～ Chotto Yorimichi ～

稲取の「おいしい!」が勢揃い

「稲取キンメ」の生魚、冷凍、煮付けや干物をはじめ、北川・谷津港の定置網で獲れた鮮魚を販売。ほかにも地元農家が育てた野菜や果物、ニューサマーオレンジを使った銘菓など、地域認定商品や名産品が所狭しと並ぶ。

タグ付きの「稲取キンメ」は本物の証し。キンメはおろしてもらうこともできる

稲取漁港直売所こらっしぇ

📞 0557-95-2023

●住／賀茂郡東伊豆町稲取3352　●営／8:30～15:00
●休／第2火曜　●駐／あり

キンメ船を眺めながら海の幸を堪能

「稲取キンメ」の専門店。昔ながらの味付けが好評な煮付けや、刺身、まご茶漬け、しゃぶしゃぶ、なめろう丼、釜飯など多彩な料理を提供する。稲取漁港の目の前にあるので、運が良ければ店内から水揚げ風景を見られるかも。

刺身、なめろう、ねぎとろの3種が盛られた「きんめ鯛どんぶり」2805円

きんめ処 なぶらとと

📞 0557-95-5155

●住／賀茂郡東伊豆町稲取396　●営／11:00～15:00LO
●休／火曜(祝日営業)　●駐／あり

圧巻！ 海や空との一体感
12の個性派風呂も魅力

1.海や空との一体感が味わえる屋上天空露天風呂「薫風」　2.潮風が心地よい屋上の「足湯スカイテラス」　3.大浴場「海色」も目の前に雄大な海景色が広がる　4.5つの湯舟とサウナルームがある大浴場「空色」　5.夏季と満月の夜にオープンする「海と星空のBAR」

東伊豆町

熱川温泉

熱川《あたがわ》プリンスホテル

相模湾を望む高台に立ち、空と海、太陽と月、山々の緑など伊豆の自然と絶景を存分に堪能できるのがこの宿の魅力のひとつ。

自慢の温泉は遮るものがない屋上天空露天風呂をはじめ、大浴場にあるアロマが香る「変わり風呂」、ニューサマーオレンジや温州みかんなど季節ごとに異なる品種を楽しめる「みかん風呂」、ぐり茶とほうじ茶をブレンドした「お茶風呂」など12種類もある。多彩な湯めぐりを楽しめる格好の湯宿だ。

敷地内から引いた自家源泉の硫酸塩泉は、保湿力の高いメタケイ酸を含む「美肌の湯」。ナトリウム塩化物は保湿効果をさらに高める「うるおいの湯」というからますます期待が膨らむ。

日帰り入浴は基本的に予約不要だが、混雑状況などにより利用できない場合もあるので事前に問い合わせよう。「ピンクリボンのお宿ネットワーク」加盟施設のため、屋上天空露天風呂「薫風」は湯浴み着での入浴もできる。

熱川プリンスホテル

0557-23-1234

●**住**／賀茂郡東伊豆町奈良本1248-3　●**営**／15:00～20:00（最終入館19:00）　●**休**／不定休　●**¥**／大人（中学生以上）1200円、小学生800円※バスタオル・フェイルタオル貸出　●**湯**／［露天］男2、女4［内湯］男5、女1［貸切］2［その他］屋上天空露天風呂、足湯スカイテラス　●**施**／売店、宿泊　●**交**／東名沼津ICから70分、伊豆急行伊豆熱川駅から徒歩10分

温泉DATA

泉源	源泉、かけ流し（一部）、循環（一部）、加水
泉質	ナトリウム-塩化物・硫酸塩泉
源泉温度	98℃
湧出量	毎分200ℓ
効能	神経痛、筋肉痛、関節痛、冷え性、切り傷、やけど、疲労回復など

ちょっと寄り道

～ Chotto Yorimichi ～

新鮮! 豪快!「あじ丼」

真っ青な海を眺めながら食事ができる昭和47年創業の大衆磯料理店。朝夕2回仕入れる鮮度抜群の近海アジを豪快に盛った「あじ丼」が絶品。アジにネギとショウガを合わせ、特製醤油ダレを絡めた濃厚な味わいが食欲をそそる。

迫力満点の「あじ丼」（漬物、味噌汁付き）1980円

磯料理 磯辺

0557-23-1160

●**住**／賀茂郡東伊豆町白田1733-82　●**営**／10:00～20:00
●**休**／不定休　●**駐**／あり

温泉が浸透して、ほんのり塩味

伊豆急行伊豆熱川駅から徒歩3分のお湯かけ弁財天の横、湯気が上がる「弁天偕楽源泉の玉子池」でゆで玉子作りが体験できる。源泉は100℃近くあり約8分で仕上がる。生玉子は熱川温泉観光協会で販売。待ち時間は弁財天で祈願や銭洗いを。

地鶏の生玉子1個、玉子を入れる赤いネット、カップ、塩のセットで100円

源泉ゆで玉子作り体験

0557-23-1505（熱川温泉観光協会）

●**住**／賀茂郡東伊豆町奈良本（お湯かけ弁財天前）
●**営**／9:30～16:30　●**休**／なし　●**駐**／あり

館内には江戸城にも使用された伊豆石で造られた浴槽と、天城の岩で造られた男女入れ替え制の大浴場、予約なしで利用できる貸切風呂があり、一旦外へ出て一般道を歩いていくと名瀑「大滝」と野趣あふれる外湯が広がる（外湯は水着着用）。

個性豊かな七つの滝「河津七滝」の一つで30ｍの落差を誇る大滝を望む「滝見の湯」は、迫力のある音や水しぶきを真近に感じられる全国でも指折りの野天風呂。

５本の自家源泉から湧く湯は適温のため、加水をしないのが特徴で、湯量豊富な源泉１００％を存分に堪能できる。もちろん館内の露天風呂や内湯、天城の自然を活かした外湯も源泉だ。

幻想的な雰囲気の「洞穴の湯」（完全貸切・有料）でゆっくりと湯浴みを楽しむもよし、点在する外湯めぐりを思いのまま楽しむのもまた一興。夏季には温泉と河津川の天然水を混合した25ｍの本格プールと子どもプールも登場し、ファミリー層に喜ばれている。

河津町

大滝・七滝温泉

伊豆最大の大滝 AMAGISO-天城荘《あまぎそう》- [LIBERTY RESORT]

1.迫力満点の大滝を望む野天風呂「滝見の湯」　2.外湯の貸切風呂「洞穴の湯」（1グループ50分・2000円）　3.温水プールの日帰り利用は11：00～19：00（最終受付18：00）　4.男女入れ替え制の大浴場　5.アジアンテイストなロビーではドリンクが注文できる

名瀑大滝を間近に感じる大迫力の野天風呂

1

伊豆最大の大滝
AMAGISO-天城荘-
[LIBERTY RESORT]

☎ 0558-35-7711

●**住**／賀茂郡河津町梨本359　●**営**／11：00～19：00（最終受付18：00）　●**休**／不定休　●**¥**／大人2000 円、小学生1500円、幼児1000円 ※レンタル水着300円、レンタルタオルセット300円　●**湯**／［露天］2［内湯］4［貸切］1［その他］外湯6（貸切1）　●**施**／温水プール（4月下旬～9月下旬頃）、売店、休憩所、宿泊　●**交**／伊豆縦貫道月ヶ瀬ICから30分、伊豆急行河津駅からバス20分

温泉DATA

泉　源	源泉、かけ流し
泉　質	アルカリ性単純温泉
源泉温度	40.5～46.1℃
湧 出 量	毎分約620ℓ
効　能	リウマチ、運動障害、神経麻痺、胃腸病、疲労回復など

ちょっと寄り道

～ Chotto Yorimichi ～

猪・鹿肉の定食や丼が人気

秘伝のだしで作る、野菜もたっぷり入った名物「猪鍋」が人気。ほかにも特製ダレで焼いた猪肉の丼や味噌焼きのイズシカ丼、ワサビ丼など、伊豆山中・天城ならではの郷土料理を提供。浄蓮の滝が近くにあるので、食後に散策してみては。

伊豆産のシイタケも入った「天城丼」1870円

味処 伊豆の佐太郎

☎ 0558-85-0534

●**住**／伊豆市湯ヶ島2859-29　●**営**／11：00～17：00最終入店
●**休**／木曜　●**駐**／あり

サザエや干物をBBQで！

新鮮な魚介が味わえる食堂。中でも人気の「海鮮BBQ」は、鮮度抜群のサザエや自家製干物など多彩な海の幸が楽しめる。相模湾を一望する絶景かけ流し露天風呂（入浴料300円）も好評で、塩作りやところてん作りの体験もできる。

「海鮮BBQ」1人2200円～

舟戸の番屋《ふなどのばんや》

☎ 0558-32-0432

●**住**／賀茂郡河津町見高358-2　●**営**／10：00～17：00（16：00LO）　●**休**／火曜　●**駐**／あり

1.開放感のある露天風呂「富士見の湯」 2.筋肉疲労の回復に効果があるとされる「バイブラ湯」 3.まさに「富士見の湯」。この絶景を目当てに訪れたい 4.緑に囲まれた「富士檜の湯」 5.洞窟を思わせる「富士溶岩風呂」

御殿場市

御胎内温泉富士山金明の湯

御殿場市御胎内温泉健康センター

県内東部エリアには富士を望む温泉が点在しているが、ここもそのひとつ。まずは開放感たっぷりの露天風呂、その名通りの「富士見の湯」を体感してほしい。霊峰と呼ぶにふさわしい艶姿に思わず手を合わせたくなる。ことに雪をかぶった秋から春の景色は美しく、これを目当てに訪れる客も多い。

さらにもうひとつおすすめしたいのは、富士山の溶岩石で作られた洞窟風呂「富士溶岩風呂」の窓から望む絶景。さながら一枚の絵画のようで、富士山を一人占めした気分に浸れる。ほかにも横になって湯舟に浸かり体をほぐす気泡の湯「バイブラ湯」や、地元産の檜で造ったログハウスの中にある香りに癒やされる「富士檜の湯」など多彩な湯船が揃う。

近くには子宝や安産祈願で知られる胎内神社や、富士山の噴火によって作られた溶岩洞窟御胎内、サクラやツツジの名所として知られる清宏園もあるので、湯上がりに散策してみては。

4

5

御殿場市御胎内温泉健康センター

📞 0550-88-4126

●住／御殿場市印野1380-25　●営／10:00～20:00（最終受付19:00）　●休／火曜（祝日営業、翌日休み）、年末　●¥／大人（高校生以上）600円、小人（3歳～中学生）300円 ※3時間滞在、土日祝日は料金が異なる　●湯／［露天］男3、女3［内湯］男3、女3［その他］ジャグジー&寝湯（内湯）、ドライサウナ　●施／食事処、休憩所、売店ほか　●交／東名御殿場IC・裾野ICから20～25分、JR御殿場駅からバス20分

♨ 温泉DATA

泉　源	源泉、循環
泉　質	アルカリ性単純温泉
源泉温度	35.9℃
湧出量	毎分105ℓ
効　能	神経痛、筋肉痛、関節痛、冷え性、五十肩、疲労回復など

ちょっと寄り道

～ Chotto Yorimichi ～

米粉100%のバウムクーヘン

富士山の眺望が楽しめるレストランや焼きたてパンが並ぶベーカリー、新鮮野菜満載の地場産品直売所などを併設。イチオシスイーツは「ごてんばこしひかり」の米粉で作るグルテンフリーの「金太郎バウム」。お土産にもおすすめだ。

「金太郎バウム」680円～

道の駅 ふじおやま

📞 0550-76-5258

●住／駿東郡小山町用沢72-2　●営／7:00～20:00
●休／なし　●駐／あり

ハム工房併設のパン店

おすすめは自家製カレーに角切り牛バラ肉がたっぷり入った「肉ゴロゴロカレーパン」197円や、併設ハム工房で作るベーコン、ソーセージ入りのパン。限定10～20食の「モーニングセット」も好評だ。

パンの香りに包まれる店内

パンとハムの手造り工房 BELLBE東富士店 ベルベ

📞 0550-78-2002

●住／駿東郡小山町用沢1387-1　●営／7:00～19:00 ※10～3月は18:00まで　●休／水曜　●駐／あり

静岡市葵区

南アルプス赤石温泉

南アルプス赤石温泉
白樺荘

静岡市街地から井川方面へ。ひたすら山道を北へ北へと進んだ畑薙第1ダムの少し手前、奥深い山の中にようやく現れるのが市営温泉「白樺荘」だ。市街地から約3時間、まさに秘境の湯だ。元々はダム建設の飯場として、抜群の泉質で愛されてきたが、２００９年に宿泊もできる温泉処としてリニューアル。女性や家族連れも訪れやすくなった。

湯は無色透明でとろみが強いのが特徴。ところが湯上がりは意外にもさっぱり、さわやかで、化粧水代わりにとペットボトルで持ち帰る人もいるほど、肌がつるつるになると評判だ。そして最大の魅力は茶臼岳が眼の前に迫る露天風呂からの絶景。これを目当てに頻繁に訪れる温泉ファンも多いという。露天の湯は少しぬるめだが、芯から温まるので湯冷めすることはない。

男湯と女湯の間にある小さな貸切「多目的風呂」はファミリーに人気で車椅子もＯＫ。通常料金で利用できるので、空いていればぜひおすすめしたい。

1.男女とも露天風呂から南アルプスを眺められる　2.内風呂　3.新緑、紅葉、雪化粧など季節により表情が変わる　4.昼食は地元の山の幸が味わえる食堂「らいちょう」で。人気メニューは「山女魚そば」1200円　5.休憩室からも山の景色が楽しめる

南アルプスに囲まれた
静岡県最北端の湯

1

南アルプス赤石温泉 白樺荘

☎ 054-260-2021

●住／静岡市葵区田代1110-5　●営／10:00～18:00 ※12～3月は17:00まで　●休／火曜（祝日営業、翌日休み）、8・11月は無休　●¥／大人（中学生以上）510円、小学生200円、「個室休憩プラン」4人部屋2050円、2人部屋1540円（2時間） ※宿泊に支障のない場合のみ、予約不可　●湯／［露天］男1、女1［内湯］男1、女1［貸切］1　●施／食事処、休憩所、売店、宿泊　●交／新東名新静岡ICから150分、大井川鐵道千頭駅から車90分

温泉DATA

泉源	循環、加温
泉質	単純硫黄泉
源泉温度	31.4℃
湧出量	毎分191ℓ
効能	神経痛、関節痛、糖尿病、皮膚病など

ちょっと寄り道

～ Chotto Yorimichi ～

井川の観光案内+特製グルメ

井川地区の今がわかる観光拠点は教会風の塔が目印。井川や南アルプスの観光案内だけでなく、併設のカフェでは地元産野菜たっぷりのペペロンチーノやわさび丼など、井川の幸を使った特製グルメが味わえる。ジオラマや絵本コーナーなどもある。

「ペペロンチーノ」1000円

南アルプスユネスコエコパーク
井川ビジターセンター

☎ 054-260-2377

●住／静岡市葵区井川964　●営／9:00～16:00 ※レストラン11:00～14:00　●休／火曜、年末年始　●駐／あり

新旧の名物、天ぷらとダムカレーを

手打ちそばや山菜の天ぷらなど、井川のお母さんたちの手作り料理が味わえる農林産物加工センター。中部電力公認の「ダムカレー」は中空重力ダムを見事に再現。「手づくりみそ」500円や夏から秋限定の「とうもろこしプリン」200円も人気。

小鉢も付く「ダムカレー」1100円

アルプスの里

☎ 054-260-2573

●住／静岡市葵区井川2765-1　●営／11:00～14:00 ※夏、紅葉の時期は15:00まで　●休／月曜、年末年始　●駐／あり

1.浜名湖の絶景を体感できる名物露天風呂「飛天」　2.日帰り夕食「海鮮グリルと会席料理」※写真はイメージ　3.ロビーから望む夕景　4.半露天風呂を併設する展望パノラマ大浴場（日帰り入浴時は女性のみ利用可）

浜松市西区
浜名湖かんざんじ温泉

舘山寺サゴーロイヤルホテル

目の前に広がる雄大な自然と、ハワイにいるかのようなリゾート空間が人気。名物は屋上に設けられた古代桧の露天風呂「飛天」で、地上40mから眺める景観は「浜名湖随一」と称される。特に湖面に沈む夕日は息をのむ美しさ。浜名湖を見渡せる10階の展望パノラマ大浴場や、半露天風呂、「湯上がりサロン 館山（たてやま）」も、もちろん利用できる。

0泊の旅でおすすめは、入浴と昼食または夕食、休憩室利用がセットになったプラン。日帰り昼食「客室休憩と温泉付き屋内ＢＢＱ」は、海鮮満載の屋内バーベキューでおなかを満たし、その前後に温泉が楽しめる。さらに浜名湖遊覧30分クルーズで観光スポットめぐりもできるのがうれしい。

日帰り夕食「海鮮グリルと会席料理」は、ウナギの蒲焼きと牛串焼きの食べ放題&飲み放題が付く。どちらのプランも個室でゆっくり休憩できるので、カップルや家族連れに喜ばれている。

2

4

3

舘山寺サゴーロイヤルホテル

📞 053-487-0711

●住／浜松市西区舘山寺町3302　●営／11:00～17:00（最終入館16:00）　●休／不定休　●¥／大人（中学生以上）1100円、子ども（3歳～小学生）500円 ※「日帰り昼食プラン」「日帰り夕食プラン」（予約制）もある（浜名湖遊覧船30分コース無料券付き）　●湯／［露天］男1（日帰り入浴時は男性のみ利用可）［内湯］男1、女1［その他］プール、休憩所、売店、宿泊ほか　●交／東名舘山寺スマートICから5分、東名浜松西ICから15分、JR浜松駅からバス45分

♨ 温泉DATA

泉　源	源泉、循環、加温、加水
泉　質	ナトリウム・カルシウム-塩化物強塩泉
源泉温度	33.7℃
湧出量	毎分約171ℓ
効　能	筋肉痛、関節痛、肩こり、腰痛、冷え性、疲労回復、切り傷、やけどなど

ちょっと寄り道

～ Chotto Yorimichi ～

ご当地名物魚介グルメに舌鼓

ウナギ、スッポン、フグ、ハモなど、遠州灘や浜名湖の、旬の魚介が味わえる。一番人気のウナギの蒲焼きは旨味をギュッととじ込める関西風だ。11～3月には浜名湖産カキを蒲焼き風に味付けしたご当地グルメ「浜名湖牡蠣カバ丼」がおすすめ。

「浜名湖牡蠣カバ丼」1760円

割烹 松の家

📞 053-487-0108

●住／浜松市西区舘山寺町2306-4　●営／10:30～14:30、17:00～20:00 ※土・日曜、祝日は通し営業　●休／火曜　●駐／あり

舘山寺の新名所でソフトクリーム！

イチオシは、舘山寺・佐藤牧場の搾りたて牛乳を使用したプレミアムソフトクリーム。バイク用品ブランド「KUSHITANI」が展開するカフェや、最新のe-bikeを備えたレンタサイクルショップなどが入る複合施設の穴場スポットだ。

「佐藤牧場ソフトクリーム」450円

千鳥ヤ ハマナコ《ちどりや》

📞 090-7603-0051

●住／浜松市西区舘山寺町2251-3 浜名湖ENGINE cafe'& stores内　●営／11:00～16:00　●休／水・木曜　●駐／あり

海と空を独り占め
大満足の絶景風呂

東伊豆町

稲取温泉

稲取温泉 石花海《せのうみ》

📞 0557-95-2231

●住／賀茂郡東伊豆町稲取1604-1　●営／14:00〜19:00最終入場　●休／不定休　●¥／大人（中学生以上）1500円、小学生1000円 ※未就学児無料　●湯／［露天］男1、女1［内湯］男1、女1　●施／食事処、休憩室、売店、宿泊　●交／東名沼津ICから120分、伊豆急行稲取駅から徒歩20分

温暖な気候と青い海、自家源泉かけ流しの温泉が自慢の宿。玄関を入ると、ハート型の小窓で切り取られた海が目に飛び込んでくる。ロビーからも一望できる海を横目に、エレベーターで5階へ行くと、日帰り利用ができる大浴場がある。男女別に内湯と露天がそれぞれ一つずつ。入れ替え制はないが、どの湯からも１８０度開けた絶景の海と空が広がり、開放感は抜群だ。

相模灘の真っ青な海は、夕暮れ時、満天の星空、月明かりなど、時間と季節によって刻々と表情を変える。寄せては返す波音に癒やされるという湯浴み客も多いという。海に抱かれる至福の湯を堪能したい。

1.ハート型の小窓はカップルに大人気の撮影スポット　2.内湯からの眺めも露天さながらの開放感　3.自家源泉の湯は弱塩泉で身体が芯から温まる　4.海が見える湯は数あれど、この広さ、この開放感は別格

温泉DATA

泉源	源泉、かけ流し（循環ろ過併用）、加水
泉質	ナトリウム・カルシウム-塩化物泉
源泉温度	70〜80℃
湧出量	毎分100ℓ
効能	筋肉痛、打ち身、捻挫、疲労回復、肩こり、婦人病

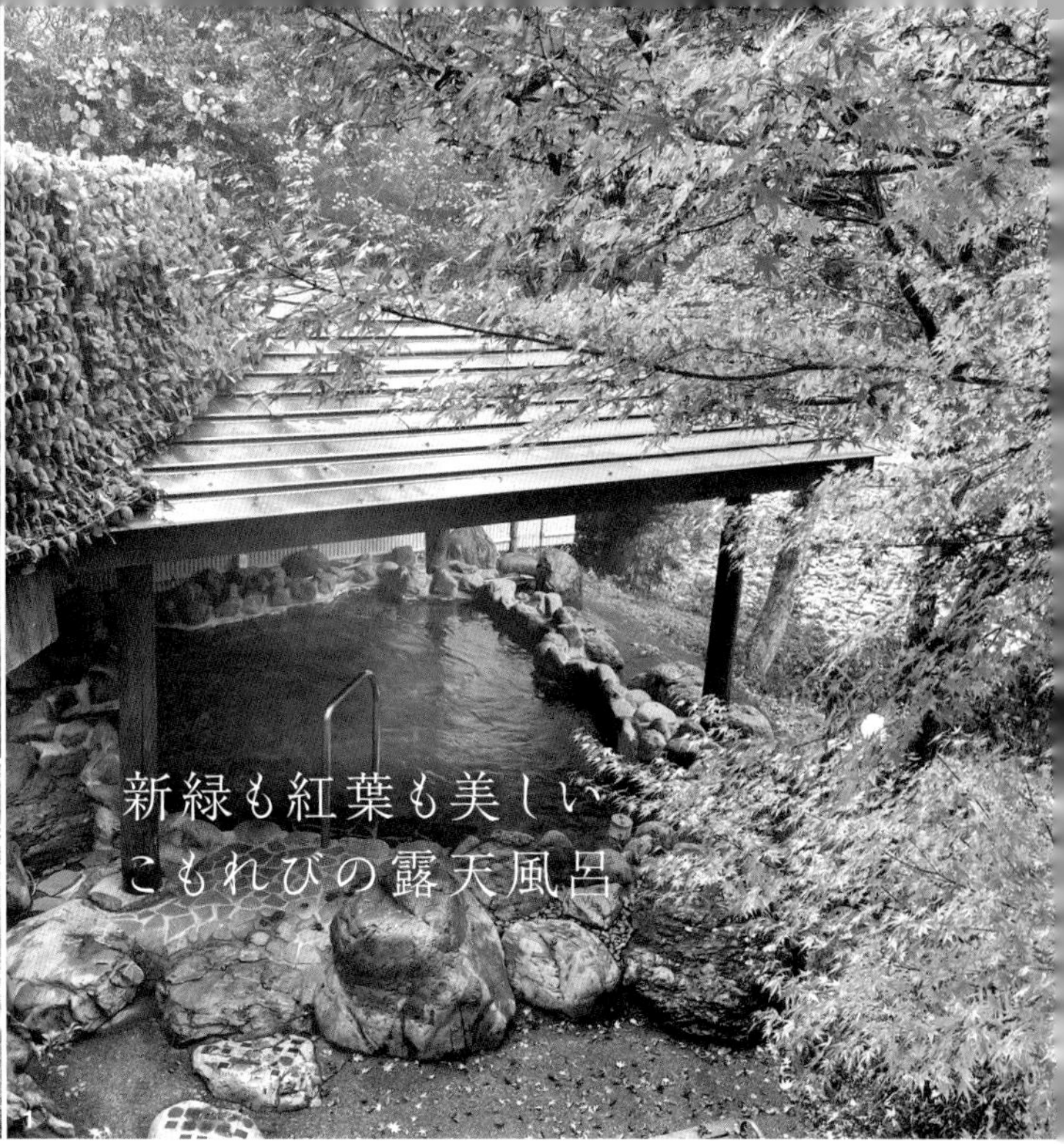

新緑も紅葉も美しい こもれびの露天風呂

川根本町
白沢温泉

白沢温泉 時之栖 もりのいずみ

奥大井の自然に囲まれた出で湯の里「もりのくに」にある温泉施設。人気の露天風呂は、エメラルドの輝きをたたえる白沢のせせらぎを眼下に、春は桜、初夏は新緑、秋は紅葉と季節ごとに変わる風景を堪能でき、これを目当てに訪れる客も多い。内湯には、全身に泡がまとわりつくような炭酸泉や、深さが130cmもある圧注浴、茶葉入りの陶器湯など、バリエーション豊かな風呂が揃う。

グループで宿泊できる「もりのコテージ」や、御殿場高原ビールと山の味覚が味わえる「レストランしらさわ」も併設しているので、併せて利用するのもいい。吊り橋を渡る散策コースもおすすめだ。

1.せせらぎと鳥の声に癒やされる山の絶景露天風呂　2.「炭酸泉風呂」(奥)と、「圧注浴」(手前)　3.土産物コーナーでは「ゆずポン酢」や「柚子味噌」が人気　4.宿泊コテージ

☎ 0547-59-3800

●住／榛原郡川根本町奥泉840-1　●営／10:00～20:00　●休／水曜　●¥／大人(中学生以上)1000円 ※17:00からは800円、小人(小学生)400円　●湯／[露天]男1、女1 [内湯]男5、女5（人工炭酸泉、かぶり湯、寝湯、立湯圧注湯、陶器風呂茶葉入りほか）　●施／食事処、休憩所、売店、宿泊　●交／新東名島田金谷ICから80分、送迎バスあり(2人以上から、要問い合わせ)

温泉DATA

泉源	源泉、循環、加温、加水
泉質	ナトリウム・炭酸水素塩冷鉱泉
源泉温度	18℃
湧出量	毎分2.3ℓ
効能	神経痛、慢性消化器病、冷え性、疲労回復、健康促進、やけどなど

NEO温泉コラム

地元民に交じって、土肥で共同湯めぐり

江戸時代初め、土肥金山の開発中に
岩間から温泉が湧き出したのが土肥温泉の始まり。
町内には地元民が管理する素朴な共同浴場が数カ所あり、
地元以外の人にも開放している。

1.共同湯とは思えない本格岩風呂　2.一枚岩のくりぬき風呂。湯船からは見えないが、立つと土肥港が見える
3.館内には小さいながらも湯上がり場がある

露天風呂から土肥港を一望

土肥港に近い公民館2階の共同湯。内湯はこぢんまりとしているが立派な御影石の湯船で、露天風呂もある。露天は一枚岩のくりぬき風呂と岩風呂で不定期で男女入れ替えとなる。土肥港が一望できる共同浴場はここだけだ。

弁天《べんてん》の湯共同浴場（大藪温泉）

0558-98-1807

●住／伊豆市土肥61-3　●営／13:00〜20:00（最終入場19:30）　●休／火曜　●¥／大人（中学生以上）500円、小学生300円　●湯／[露天]男1、女1[内湯] 男1、女1　●施／湯上がり場　●交／東名沼津ICから55分

温泉DATA

泉源	源泉、かけ流し
泉質	カルシウム・ナトリウム-硫酸塩・塩化物泉
源泉温度	54.2℃
湧出量	不明
効能	神経痛、筋肉痛、リウマチ、婦人病、冷え性など

1.内湯の浴槽。湯は無色透明で無味無臭　2.銭湯のように入り口から男・女湯に分かれている　3.箱庭のような雰囲気が落ち着く露天風呂

緑に囲まれ
リラックス

明治34年に馬場温泉として開湯

土肥温泉発祥の地・安楽寺の「まぶ湯」近く、昔栄えた温泉街の情緒が残るエリアにある。緑に囲まれた開放感のある湯は、内湯と露天の両方を楽しめる。名称の由来でもある樹齢約1000年の楠の巨木がある安楽寺が近いので湯上がりに散策してみては。

楠《くす》の湯共同浴場（馬場温泉）

0558-98-1212（伊豆市観光協会土肥支部）

●**住**／伊豆市土肥795-2　●**営**／13:00～21:00　●**休**／火曜　●**¥**／大人(中学生以上)400円、小学生300円　●**湯**／[露天]男1、女1[内湯] 男1、女1　●**施**／特になし　●**交**／東名沼津ICから55分

温泉DATA

泉　源	源泉、かけ流し
泉　質	カルシウム・ナトリウム-硫酸塩・塩化物泉
源泉温度	54.2℃
湧出量	不明
効　能	神経痛、筋肉痛、リウマチ、婦人病、冷え性など

昭和の香りが
漂うタイル貼り

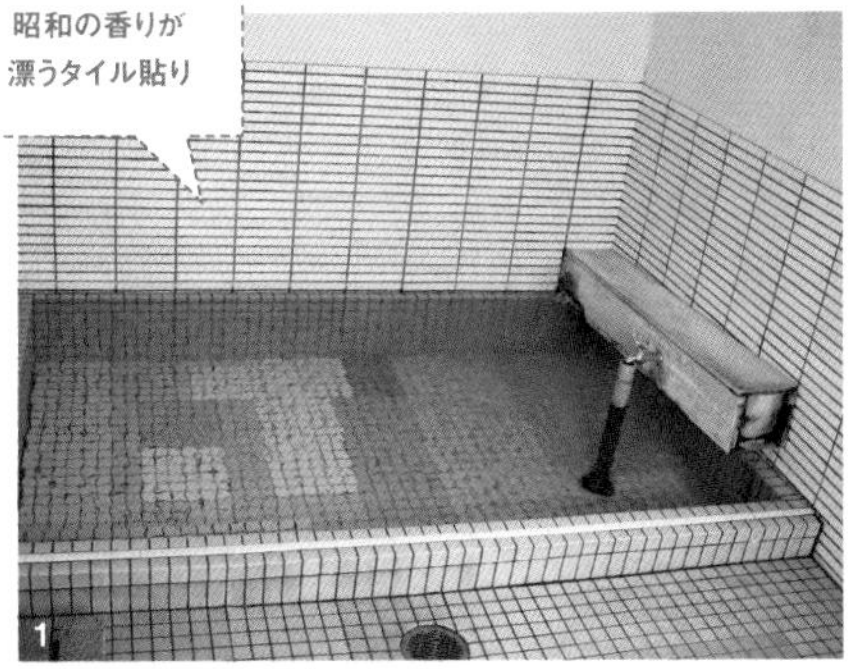

1.気取らない、素朴な雰囲気が心地いい　2.手書きの看板が温かい　3.駐車場完備で立ち寄りやすい

共同浴場 元《もと》湯温泉

0558-98-1212（伊豆市観光協会土肥支部）

●**住**／伊豆市土肥1053-5　●**営**／14:00～20:30最終受付　●**休**／水曜　●**¥**／大人(中学生以上)300円、小人(2歳～小学生)200円　●**湯**／[内湯] 男1、女1　●**施**／特になし　●**交**／東名沼津ICから55分

温泉DATA

泉　源	源泉、かけ流し
泉　質	カルシウム・ナトリウム-硫酸塩・塩化物泉
源泉温度	54.2℃
湧出量	不明
効　能	神経痛、筋肉痛、リウマチ、婦人病、冷え性など

その名の通り源泉に最も近い湯

民家が立ち並ぶ一角に佇む地元密着型の共同湯。源泉に最も近い場所にあることから「元湯」の名が付けられたという。ひなびた雰囲気が漂う素朴な温泉で、風呂はタイル貼りの内湯のみ。湯量はたっぷり豊富で高温のため加水することもある。

日帰り 0泊 温泉

ひなびたレトロな名湯

賑やかな駅前からワープする ノスタルジックな昭和の湯宿

熱海市

福々温泉

龍宮閣《りゅうぐうかく》

1.美しいカーブを描いたタイル貼りの浴槽。すぐ上には龍宮城の、洗い場側には水浴びをする女性のタイル画が描かれている　**2.**龍宮閣名物「龍宮城へ向かう浦島太郎」

昭和12年、現館主の祖父母が当時蕎麦屋だった店を買い取って温泉旅館として創業。戦時中は東京・大森からの学童疎開を受け入れた。当時の小学生が懐かしんで、今も時折訪れることがあるという。建物は一部改修しているが、ほとんど昔のまま。緩やかな時間の流れを感じさせる。

館内にある大小二つの浴槽や壁面のタイル画も然り。特に龍宮城へ向かう浦島太郎を模したタイル画は、80年以上経った今も美しく、湯を楽しむ客をやさしく迎え入れている。そんなレトロな雰囲気が評判を呼び、若い世代から年配客、バイカー、ブロガー、温泉マイスターなど幅広い客層が来館する。

湯船に注ぐ源泉は１００％かけ流し。湯量を調節することで温度調整を行っているが、塩分が多く熱めのため、長湯は厳しい。30分の貸切時間内でも体が芯まで温まり、十分満足できる。玄関やロビー、宿泊用客室など、そこかしこに漂う昭和の名残も、心をじんわり温めてくれる。

3

3.こぢんまりとした湯船を配した小さい方の浴室。こちらの壁にはコイ、反対側には富士山のタイル画がある　4.宿泊者用の客室。宿泊客の中には1泊で5回も入浴した人もいたという。素泊まり5650円から　5.玄関のレトロな雰囲気も魅力　6.玄関にある下駄箱も創業当時のまま

5

4

6

龍宮閣

☎ 0557-81-3355

●**住**／熱海市田原本町1-14　●**営**／10:00〜18:00 ※宿泊者の状況による　●**休**／第3水曜　●**¥**／1000円（30分貸切、タオル貸出あり）　●**湯**／［内湯・貸切］2　●**施**／宿泊（素泊まり）　●**交**／東名沼津ICから50分、熱海駅から徒歩5分

温泉DATA

泉源	源泉、かけ流し
泉質	カルシウム・ナトリウム-塩化物泉
源泉温度	76.7℃
湧出量	不明
効能	神経痛、筋肉痛、関節痛、五十肩、切り傷、慢性皮膚病など

ちょっと寄り道

～ Chotto Yorimichi ～

歴史を刻むボリューミーな老舗カレー

昭和22年創業の老舗洋食店。一番人気の「カレー」はオリジナルブレンドのスパイスと地元産豚肉、野菜を使用。その味はどこか懐かしい。ハヤシライスやカツサンド、だしのきいた和風カツ丼も味わえる。

1

1.後から辛さが追いかけてくる、ボリュームたっぷりの「カツカレー」1050円

カレーレストラン 宝亭《たからてい》

☎ 0557-82-3111

●**住**／熱海市銀座町5-10　●**営**／11:00〜14:30LO、17:00〜19:00LO　●**休**／木曜　●**駐**／あり

ショウガがきいた羽つき餃子

ジャズが流れるレトロな雰囲気の店内で味わうのは、熱々ジューシーな羽つき餃子。ショウガがたっぷり入りパンチがある。餃子4個に中華そば、杏仁豆腐またはご飯が付く「サービスセット」950円がお得だ。

「コクうま餃子」（15個）1350円

羽つき餃子 濱よし《はまよし》

☎ 0557-81-0048

●**住**／熱海市銀座町5-9　●**営**／11:00〜14:30、17:00〜20:00　●**休**／火曜（祝日営業、翌日休み）　●**駐**／なし

源頼朝ゆかりの
知る人ぞ知る穴場の湯

1.こぢんまりとした湯船は大人3〜4人でいっぱいになる　2.浴場を一人で切り盛りする山田松子さん　3.狭い道を抜けると、のれんが出迎えてくれる　4.レトロながらも手入れが行き届いた脱衣所　5.土建業の人々が参拝に訪れるという敷地内の社　6.源頼朝が馬の脚を洗ったと伝わる石桶

熱海市

熱海温泉

山田湯

住宅地の一角にある、地元でも知る人ぞ知る温泉浴場。周辺に案内看板もなく、細い路地の先にあるため、初めて訪れる人にはややハードルが高い、まさに穴場だ。だが、ひとたびそのレトロな雰囲気に触れ、湯に浸かれば、道に迷った苦労など吹き飛んでしまう。タイル張りの浴室、モザイクの壁画、擦りガラスの窓…。昭和の風情あふれる空間には、ゆっくりとした時間が流れている。

昭和27年創業。長年、近隣住民が利用する銭湯として親しまれてきたが、今ではそのひなびた雰囲気を求めて足を運ぶ観光客も少なくない。浴場を管理するのは、女将の山田松子さん。「店に嫁いできて60年が経ちますが、体は健康そのもの。お風呂のおかげで元気でいられるんですよ」とパワフルだ。

敷地内には土地の神を祀る社が建ち、源頼朝が馬の脚を洗ったという石桶も祀られている。歴史ロマンに思いを馳せつつ、日々の疲れを洗い流したい。

3

2

4

6

5

山田湯

📞 **0557-81-9635**

●**住**／熱海市和田町3-9　●**営**／8:00～11:00、15:30～21:00　●**休**／不定休　●**¥**／大人(中学生以上)300円、3歳～小学生150円、3歳未満80円　●**湯**／[内湯]男1、女1　●**施**／特になし　●**交**／東名沼津ICから40分、JR熱海駅からバス10分徒歩3分

温泉DATA

泉　源	源泉、かけ流し、加水
泉　質	ナトリウム・カルシウム-塩化物・硫酸塩物泉
源泉温度	51.7℃
湧出量	不明
効　能	神経痛、筋肉痛、関節痛、五十肩、運動麻痺、関節のこわばり、打ち身など

ちょっと寄り道

～ Chotto Yorimichi ～

150余年の伝統が生きる手開きの干物

江戸時代から150余年続く老舗干物店。現在は5代目が駿河湾などで獲れた地魚を毎朝市場で厳選して、その日のうちに干物にする。30種類揃う、うす塩加減で無添加の干物のほか、自家製のアンチョビや塩辛なども並ぶ。

「人気の3種ひもの籠」3500円。アジ、カマス、エボダイ各2枚

釜鶴ひもの店本店 かまつる

📞 **0120-49-2172**

●**住**／熱海市銀座町10-18　●**営**／9:00～17:00　●**休**／なし　●**駐**／あり

オーシャンビューの超絶景カフェ

「アカオハーブ&ローズガーデン」の海抜150m地点から絶景が楽しめる。天然木と360度ガラス張りの建物は建築家・隈研吾氏の設計。伊豆のみかんハチミツなどを使ったスイーツやドリンクを手にのんびり過ごしたい。※ガーデン入場料がかかる

人気のデッキ席。みかんハチミツの「コエダクーヘン」330円ほか

COEDA HOUSE コエダハウス

📞 **0557-82-1221**

●**住**／熱海市上多賀1027-8　●**営**／9:30～16:00LO　●**休**／1・12月の火曜 ※臨時休あり　●**駐**／あり

江戸時代末期の創業以来、150年以上続く老舗。名物の「千人風呂」は、大正4年に造られた日本一の総檜造りで、長さ15m、幅5m、深いところは1mほどもあるという圧巻の規模を誇る。基本的には男性用だが、女性も女風呂「万葉の湯」から専用の鍵を使って入ることができる(バスタオル着用可)。

平成3年に完成した「万葉の湯」も、長さ11m、幅5mと木造の女風呂では最大の広さの湯船で、半円形の傘天井まで全て檜葉造りという癒やしの空間だ。いずれも敷地内にこんこんと湧き出る自家源泉かけ流しの湯で、体が芯から解けるような、ゆったりとした湯浴みが堪能できる。

受付やお休み処がある本館は、世界恐慌が起こった昭和4年に、当時村長をしていた現社長の曽祖父が、村人たちに仕事を与えるために建て替えたもの。今も廊下や、大正ガラスの窓、ランプシェードなどに当時のままの姿を見ることができる。歴史に育まれた空間で、時を忘れる贅沢なひと時を。

下田市
河内温泉

千人風呂 金谷旅館

1.浴槽にある3体の彫刻は伊東市の彫刻家・重岡建治氏の作品　2.数寄屋造りの建築美を楽しめる露天風呂。打たせ湯もある　3.玄関入り口の外灯。昭和初期のしゃれた造り　4.休憩所は懐かしい雰囲気の和室　5.こぢんまりした外観だが奥には金谷山を背にした敷地が広がる

1

日本一の総檜風呂で贅沢な湯浴みの時間を

千人風呂 金谷旅館

☎ **0558-22-0325**

●**住**／下田市河内114-2　●**営**／9:00〜22:00（21:00最終受付）　●**休**／なし　●**¥**／大人1000円（中学生以上）、小学生500円、未就学児300円 ※シーズン料金あり　●**湯**／［露天］男1、女1「内湯」男1、女1［その他］打たせ湯、泡風呂　●**施**／休憩室、宿泊　●**交**／東名沼津ICから90分、伊豆急行蓮台寺駅から徒歩4分

温泉DATA

泉　源	源泉、かけ流し
泉　質	単純温泉
源泉温度	48.3度
湧出量	毎分約300ℓ
効　能	神経痛、筋肉痛、関節痛、運動麻痺、慢性消化器病、疲労回復

ちょっと寄り道

〜 Chotto Yorimichi 〜

非日常のカフェタイムを満喫

下田ロープウェイ山頂レストラン。水戸岡鋭治氏による設計・デザインの伝統工芸が各所に散りばめられた空間から伊豆七島などの景勝地が望める。コーヒーハンター川島良彰氏設立のミカフェートが監修するコーヒーとパンケーキで優雅な時を。

THE ROYAL HOUSE《ザ ロイヤルハウス》

☎ **0558-25-0005**

●**住**／下田市東本郷1-3-2 下田ロープウェイ山頂
●**営**／10:00〜16:30（16:00LO）　●**休**／水曜　●**駐**／あり

ふんだんに並ぶ旬の伊豆名産

伊豆半島の農家が手塩にかけて育てた農産物を手頃な価格で販売。旬のものが日替わりで並ぶので、どんな野菜や果物に出合えるかは行ってからのお楽しみ。柑橘類は年間30種以上。14種の手作りジャムや名物「サンマ寿司」「田舎寿司」も好評。

おすすめは香りが爽やかな「伊豆産柑橘類」時価

農産物直売所 旬の里《しゅんのさと》

☎ **0558-27-1488**

●**住**／下田市河内281-9　●**営**／8:30〜17:00　●**休**／年末年始　●**駐**／あり

飲泉も楽しめる
竜爪山麓に湧く秘湯

1.タイル貼りの浴槽は温度が異なる3槽構造。中央の岩から源泉が流れ、飲泉用のコップもある。2ℓまで持ち帰り可　2.近隣の大工が杉のコブで作った縁起物のタヌキがお出迎え　3.玄関前の池に飾り橋をかけた趣のある外観　4.かつて湯治客が宿泊した客室を休憩用個室として使用　5.広間では蕎麦、定食、おでんなどが味わえる

静岡市葵区

平山温泉

御殿乳母の湯 龍泉荘《りゅうせんそう》

竜爪山の麓にある北沼上地区には、昔から数カ所の岩場から温泉が湧き、武士が傷を癒やしていたと伝えられる。平山温泉もその一つで、湯脈を買い取った初代・細澤石太郎さんが、昭和33年に日帰り湯を開業。この辺りに武家の乳母を務めた人物の屋敷があり、温泉の湯を使っていたことと、竜爪山にちなみ、「御殿乳母の湯 龍泉荘」と名付けたそうだ。

創業当時のまま使われている建物は、あめ色になった木の床や天井に昭和の風情が漂う、どこか懐かしい雰囲気。男女それぞれ一つずつある内湯は、浴槽の内部が3つに仕切られ、高温・中温・低温と異なる温度になっているのが面白い。体の芯まで温まって冷めにくいため、のぼせ防止の目的で初代が考案した仕組みだという。

温泉の効能を損なわないようにと、創業以来、一貫して石けんやシャンプーは使用禁止。源泉は飲用もでき、湯に浸かりながら飲泉を楽しむのも醍醐味の一つ。湯上がりには昭和にタイムスリップしたような個室や広間でのんびりと過ごすのもいい。

3

2

5

4

御殿乳母の湯 龍泉荘

054-266-2461

●住／静岡市葵区平山136-2 ●営／9:00～17:00※土・日曜、祝日9:00～18:00 ●休／火曜（祝日営業） ●¥／「入湯、広間1時間以内」500円、「入湯、広間1日」1000円（14:00以降800円）、「入湯、個室1日」1200円 ※4歳～小学生は半額、3歳以下無料 ●湯／［内湯］男1、女1 ●施／休憩所、売店 ●交／東名日本平久能山スマートICから30分、新東名新静岡ICから20分、JR静岡駅からバス40分徒歩3分

温泉DATA

泉源	源泉、かけ流し、加温
泉質	単純硫黄泉
源泉温度	17℃
湧出量	毎分6.4ℓ
効能	リウマチ、神経痛、糖尿病、打ち身、切り傷、湿疹など ※飲泉…胃腸病、便秘

ちょっと寄り道

～ Chotto Yorimichi ～

濃い味が自慢の手打ち十割蕎麦

店主の池田雅則さんが打つ十割蕎麦は、母の味を基に自ら独学で極めたもの。濃い蕎麦の味と香りは一度食べたら忘れられないと評判だ。「もりそば」「おろしそば」「しいたけそば」の3種があり、自然薯、ズガニなど季節限定の一品料理も見逃せない。

素朴な味わいの「しいたけそば」980円

そば処 池田屋

054-266-2206

●住／静岡市葵区北沼上1480 ●営／11:30～13:30 ●休／月曜（祝日営業、翌日休み） ●駐／あり

滋味あふれる野菜料理&カフェ

食べ物が心身に及ぼす影響を痛感したという整体師のシャミ真由美さんが営むカフェ。肉や卵、乳製品は使わず、玄米や有機野菜を中心に、自家製の塩麹など調味料までこだわった料理が人気。和ハーブティーや玄米ケーキなどカフェメニューも自然派だ。

野菜を多彩な味付けで提供する「本日の玄米ご飯」1500円

nature taste 自然 ネイチャー テイスト しぜん

054-266-2258

●住／静岡市葵区平山990-2 ●営／11:00～17:00※ランチ予約制 ●休／木・金曜 ●駐／あり

熱海駅のすぐそば ふらりと寄れる共同浴場

熱海市

熱海温泉

駅前温泉浴場

「熱海でディープな温泉を探したい」と思っているなら、まずはここへ。JR熱海駅の南口前という好立地でありながら、そこだけ時が止まったような空気が漂う共同浴場だ。

昭和27年に「田原浴場」として創業し、昭和 47年に現在の場所に移転。近隣で働く人々の疲れを癒やし続けてきた、まさに庶民の温泉だ。昨今は観光客の利用も多くなり、温泉マニアやレトロな風情に惹かれた若者がふらりと訪れることもあるという。

年代物のタオル自動販売機や木製の下駄箱など、すべてが懐かしさにあふれている。湯はやや熱めで、「サッと入って出る」のが常連の入浴スタイルだ。

1.入り口からして、レトロ感満載。オープンと同時に訪れる常連客も多い　2.石けんやシャンプー、タオルは受付で購入　3.昭和にタイムスリップしたかのような浴室　4.茶褐色の湯が張られた湯船　5.下駄箱にも昔ながらの銭湯の面影が残る

☎ 0557-81-3417

●住／熱海市田原本町8-16　●営／14:00～21:00　●休／水曜　●¥／大人(中学生以上)500円、小学生200円、未就学児100円　●湯／[内湯]男1、女2　●交／東名沼津ICから45分、JR熱海駅から徒歩2分

温泉DATA

泉源	源泉、かけ流し、加水
泉質	ナトリウム・カルシウム-塩化物・硫酸塩物泉
源泉温度	74.3℃
湧出量	不明
効能	神経痛、腰痛、肩こりなど

ひなびた風情漂う赤湯で
日がな一日湯治気分

三島市
竹倉温泉

竹倉温泉みなくち荘

☎ 055-975-3791

●住／三島市竹倉21　●営／休憩入浴9:00～16:30、入浴のみは20:30まで（19:30最終入館）　●休／第4火曜　●¥／休憩入浴1200円、入浴のみ600円　●湯／［内湯］男1、女1（超音波あり）　●施／休憩所　●交／東名沼津ICから20分、JR三島駅からバス20分

竹倉温泉の開湯は昭和10年。静岡県では珍しい「赤湯」の名湯として知られ、かつては旅館が3軒あり湯治客で賑わったというが、現在はここだけ。赤湯に浸かれる唯一の日帰り湯だ。

浴室は床も湯船も年季の入ったタイル貼りで、赤茶色の湯と相まってひなびた風情を醸し出す。この独特の色は鉄分を多く含んでいるからだが、肌あたりは色に反して思いのほかさらりと、やわらかい。湯から上がった後、しばらく汗が続くほど体を芯から温めてくれる。そのため冷えや神経痛に良いとされ、足繁く通う常連客が多い。近年はSNSを見て訪れる若者も増え、昭和レトロなロビーや休憩所の雰囲気を楽しんでいるという。

1.赤湯と呼ばれる茶褐色の湯　**2.**寝転がりたくなる広い休憩所。冬場はコタツが登場する**3.**創業から約60年。鉄泉が浴槽の周囲まで赤く染め、年月の重みを感じさせる
4.ロビーにも休憩スペースがある

温泉DATA

泉源	源泉、循環、加温
泉質	単純鉄泉
源泉温度	16～18℃
湧出量	毎分約35ℓ
効能	冷え性、神経痛、リウマチなど

NEO温泉コラム

体にやさしい ぬる湯浴のススメ

「ぬる湯」は、人の体温に近い少し温度が低めの温泉。
体にストレスがかからず、なにより長湯がしやすいので、
のんびりと湯浴みが楽しめる。
体の芯からじわじわ温まると近年、人気を呼んでいる。

伊豆の国市
駒の湯温泉

飲泉しながら
長湯が定番!

加水なしの源泉でじんわり

源泉駒の湯荘

055-949-0309

●住／伊豆の国市奈古谷1882-1 ●営／10:00～20:00 ※冬季(12月～春分の日の前日)～19:00、最終受付閉館30分前 ●休／月曜（祝日営業、翌日休み） ●¥／90分まで700円 ※3時間、1日、夜間券などもある ●湯／［露天］男4、女4［内湯］男5、女3［その他］打たせ湯（冬季休み） ●施／食事処、休憩所、売店、マッサージ ●交／東名沼津ICから40分、伊豆箱根鉄道大場駅・JR函南駅から車15分

温泉DATA

泉源	源泉かけ流し、加温（一部）
泉質	アルカリ性単純温泉
源泉温度	38.5℃
湧出量	毎分200ℓ
効能	美肌、疲労回復、筋肉や関節のこわばりや痛み、軽症血液系疾患など

木立に囲まれ、聞こえてくるのは川のせせらぎと鳥の声だけ。まさに湯治にふさわしい自然の中に立つ自家源泉かけ流しの日帰り温泉がここ。人気の湯は体温に近い36～37度の源泉そのままの「ぬる湯」、加温した「あつ湯」（37～41度）、「半身浴の湯」（38.5～39度）と3つの浴槽がある。まずはぬるい湯から体験しよう。長く浸かることで、体の芯からじんわり温まり、飲泉もできる。

露天風呂では、日替わりの「薬草温泉」と「うたせ湯」が楽しめる。「ゆったりのんびりお得なコース1日券」や夜間1時間・内湯のみの「夜カラス」も地元民に好評だ。

1.大きなガラス窓越しに外の木々が眺められる内湯　2.女性用露天風呂「薬草風呂」はサクラ、ユズなど月替わり　3.「うたせ湯」は春夏のみ　4.ログハウス風の休憩室　5.入浴料込み4500円～（2人）で個室休憩もできる　6.食堂では「山菜キノコそば」750円、源泉で入れた「駒の湯コーヒー」300円などが人気

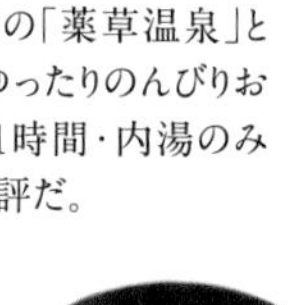

2つの泉質で
温泉三昧!

「韮山湯」と「大仙湯」 2つの源泉を堪能

源義経が軍馬を癒やしたという言い伝えが残り、湯治場として200年以上親しまれてきた畑毛温泉は、若山牧水をはじめ数多くの文人に愛されたことでも知られる。そんな名湯を「日帰り昼食プラン」で堪能できる。

湯の最大の特色は、韮山共同源泉から引く「韮山湯」と、敷地内の自家源泉から引く「大仙湯」という、泉質の異なるぬる湯を体感できること。温度が低めの「韮山湯」は源泉と、加温した湯で楽しめ、「大仙湯」は体温とほぼ同じ温度になっている。四季折々の幸が盛られた料理も人気で、何度も足を運ぶ常連客が多い。

1.開放感のある男性大浴場　2.2本の湯口から韮山湯と大仙湯が注がれる　3.初夏にはツツジの花が美しく咲く女性露天風呂　4.季節の食材を用いた和食ランチ　5.敷地内には陶芸が楽しめる「大仙窯」もある

伊豆の国市

畑毛温泉

大仙家《だいせんや》

055-979-7000

●住／伊豆の国市奈古谷655　●営／「日帰り昼食プラン」11:00～17:00　●休／完全予約制　●¥／「日帰り昼食プラン」部屋休憩あり5600円、部屋休憩なし3400円　●湯／[露天]男1、女1[内湯]男3、女3[その他]ドライサウナ　●施／食事処、カフェ、売店、エステ、宿泊　●交／東名沼津ICから40分、伊豆箱根鉄道大場駅から車8分、JR函南駅から車10分

温泉DATA

泉源	源泉、循環、加温
泉質	韮山湯:アルカリ性単純温泉、大仙湯:ナトリウム炭酸水素塩泉
源泉温度	韮山湯:32.3℃、大仙湯:38℃
湧出量	韮山湯:毎分609ℓ、大仙湯:毎分11ℓ
効能	神経痛、筋肉痛、疲労回復、切り傷、やけど、慢性皮膚病など

日帰り0泊温泉

つるつるしっとり美肌湯

下田市
観音温泉

観音《かんのん》プリンシプル

1.男湯の内湯「檜風呂」。窓の向こうに伊豆の自然が広がる　2.飲泉用のコップが用意されている

ぬるぬるすべすべ
強アルカリ性の湯

天城連山を遠くに望む奥下田の山里から湧く「美肌の湯」で知られる温泉旅館。２０１０年に日帰り入浴施設を併設して以来、その効能を求めて多くの人が訪れている。

泉質はアルカリ性単純温泉で、pH値は9.5と全国的にみてもかなり高く、これが「美肌の湯」と言われるゆえん。古い角質を落とし、皮膚の新陳代謝を促進させる効果があるという。近年話題のメタケイ酸も豊富に含まれ、ますます美肌への期待は高まる。

湯は浸かった瞬間に肌にぬるぬるとまとわりつくようなとろみがあるが、湯上がりの肌は一変、さらりとしてすべすべになる。体はタオルで拭かず、設置されているエアタオルで自然乾燥させるのがポイントだそうだ。

源泉は「飲む温泉」として敷地内の工場でボトリング。予約制で味わえるランチにも使われている。もちろんお土産として購入することもでき、化粧水や石けんなど源泉を活用したコスメティックも販売している。

3.女湯の「露天風呂」　4.前菜盛り合わせ、天ぷら、刺身、煮物、デザートが味わえる「観音ランチB」2500円 ※前日までの要予約　5.本館受付から歩いてすぐの場所にある日帰り温泉施設「観音プリンシプル殿方の湯」。湯上がりは別棟の「正運館」の多目的ステージで休憩ができる　6.露天風呂（写真は男湯）に設置されている「バイブラバス」

7.「観音温泉 飲む温泉」205円（500ml）、410円（2ℓ） 8.奥下田の山麓にある広大な敷地に日帰り入浴施設、宿泊棟が点在する

観音プリンシプル

☎ 0558-28-1234

●**住**／下田市横川1092-1 ●**営**／11:00～18:00（最終受付17:00）※変更になる場合あり、問い合わせを ●**休**／なし ●**¥**／大人（中学生以上）1300円、子ども（0歳～小学生）700円 ※休前日、休日は料金が異なる。「日帰り・展望ヒノキ風呂付客室でゆったりプラン」（温泉＋部屋休憩）8000円 ●**湯**／［露天］男1、女1［内湯］男1、女1［その他］ジャグジー、サウナ、足湯 ●**施**／食事処、休憩所、売店、宿泊 ●**交**／東名沼津ICから110分、新東名長泉沼津ICから100分、伊豆急行下田駅から送迎バス20分（要予約）

♨温泉DATA

泉源	源泉、かけ流し
泉質	アルカリ性単純泉
源泉温度	43～55℃
湧出量	毎分500ℓ（3本）
効能	神経痛、美肌など

ちょっと寄り道

～ Chotto Yorimichi ～

手作りの素朴な味が好評

地元のお母さんたちが手作りするまんじゅうやおはぎ、ようかん、おこわなどは売り切れ必至。ほかに地元産の季節の野菜やこんにゃく、漬物、味噌も人気。

「おふくろまんじゅう」（6個）500円、「花おこわ」450円

おふくろまんじゅうの店

☎ 0558-28-1393

●**住**／下田市相玉115 ●**営**／9:00～16:00（なくなり次第終了） ●**休**／水曜 ●**駐**／あり

多彩な地元食材スイーツ

25種の生菓子や焼き菓子が揃う菓子店の人気ナンバー1は卵黄とハチミツを使った「土鍋プリン」。伊豆産の旬の果実たっぷりで見た目も華やかだ。

「土鍋プリン」4人前1800円。スポンジ、カスタード、生クリーム入り

Cakes KANON《ケークスカノン》

☎ 0558-22-4808

●**住**／下田市西中7-26 ●**営**／9・00～19・00 ●**休**／水曜、月1回木曜 ●**駐**／あり

港町でキンメ三昧

下田が誇るキンメダイを刺身や煮付けだけでなく串揚げ、ユッケ、カルパッチョなど多彩な調理法で味わえる。下田の地酒と一緒に楽しみたい。

人気の漁師料理「地金目鯛なめろう」935円

開国厨房 なみなみ

☎ 0558-23-3302

●**住**／下田市3-3-26 ●**営**／11:30～14:00、17:00～22:00（21:30LO） ●**休**／不定休 ●**駐**／あり

富士の麓で塩の湯!?
肌細胞が潤う健康温泉

1

1.露天風呂「ほうえいの湯」（女性は奇数日）は正面に大迫力の富士山　**2.**バーデゾーン（水着、水泳帽着用）の「外ジャグジー」（夏のみ）　**3.**バーデゾーンの流水プール、ジャグジー、寝湯。そのほか屋外に足湯もある　**4.**露天風呂「ふじの湯」（女性は偶数日）。打たせ湯、檜水風呂も併設

裾野市

すその美人の湯
ヘルシーパーク裾野

富士山の麓にありながら高塩分濃度の湯が湧く、山と海の恵みを受けた奇跡の温泉。太古の地殻変動で陸に閉じ込められた海水が岩塩となり、富士山の伏流水に溶け出すという、自然の神秘とロマンを感じさせる湯だ。

自家源泉100％の温泉は海水と同じ弱アルカリ性で、肌の角質やくすみをやさしく取り除く美肌効果が高い。「美人の湯」の名もそこから付けられたという。塩化物泉で湯冷めしにくく、湯上がりの心地よさが長く続くのも特徴だ。

露天やプールからは四季折々の雄大な富士が楽しめる。季節によって大窓を開放するプールは気分も爽快。家族風呂は乳児も入浴でき、乳幼児用のシャワールームも完備している。湯浴みや水中運動後は「レストラン幸（しあわせ）」で空腹を満たせる。

敷地内に咲く河津桜をはじめ、周辺には花の名所も多い。隣接の「裾野市梅の里」では梅、「パノラマ遊花の里」では菜の花やコスモスなど、富士山を背景にした花を愛でるのもいい。

2

3

4

すその美人の湯 ヘルシーパーク裾野

☎ 055-965-1126

●住／裾野市須山3408 ●営／10:00～21:00(最終入館20:30) ●休／木曜(祝日、繁忙期は営業) ●¥／「風呂またはプール」3時間大人(中学生以上)700円、子ども350円 ※延長可。「風呂+プール」などのプランもある。「家族風呂」1時間1050円、「貸切個室」3時間1500円は予約制 ●湯／[露天]2 [内湯]2 [貸切家族風呂]1 ※露天・内湯は男女入れ替え[その他]打たせ湯、サウナほか ●施／休憩所、売店、マッサージ ●交／東名裾野ICまたは駒門スマートICから7分、JR裾野・岩波駅から送迎バスあり

温泉DATA

泉源	源泉、循環、加温、滅菌濾過装置
泉質	カルシウム・ナトリウム-塩化物泉
源泉温度	41.3℃
湧出量	毎分約170ℓ
効能	神経痛、筋肉痛、関節痛、疲労回復

ちょっと寄り道

～ Chotto Yorimichi ～

熟練の技で丹精込めて打つ蕎麦

築400年以上の日本情緒あふれる古民家の蕎麦処。ファンの多い細打ちの「ふじのね」はつなぎを使わない十割蕎麦。「田舎」は太麺で歯ごたえのある二八。ほかにも多彩な蕎麦料理が揃う。完全予約制(1グループ4人まで)。

十割蕎麦ながらツルツルとのど越しの良い「天付きふじのね」2035円

蕎仙坊《きょうざんぼう》

☎ 055-998-0170

●住／裾野市須山1737 ●営／11:30～14:00 ●休／月・火曜、季節により不定休あり ●駐／あり

移ろいゆく自然を感じるカフェ

十里木高原の別荘地、緑に囲まれた小高い丘にひっそりと立つサロン風カフェ。光にあふれ開放感ある窓からは手入れの行き届いた庭が楽しめる。こだわりの食材を使ったスイーツやランチでくつろぎの時間を過ごそう。

焦げが特徴のバスク風「ブルーチーズと桃のチーズケーキ」693円

nog cafe《ノグカフェ》

☎ 055-998-2800

●住／裾野市須山2255-4733 ●営／11:00～17:00 ●休／月・火曜、月1回不定休あり ●駐／スペースあり

2種類の異なる温泉ですべすべ美肌に導く

つるつるしっとり美肌湯

1

2

3

静岡市葵区
籠上温泉・カブラヲ温泉

おふろcafe bijinyu（美肌湯《びじんゆ》）

054-252-1126

●住／静岡市葵区籠上15-15　●営／5:00～9:00（1Fのみ）、10:00～24:00　●休／第3火曜　●¥／「フリータイムコース」大人（中学生以上）1408円、子ども（3歳～小学生）825円、「時間制コース」60分／大人583円、子ども341円 ※別途コースもある。「朝風呂」大人583円、子ども341円 ※3歳未満無料　●湯／［内湯］男5、女5［その他］ドライサウナ　●施／カフェ、休憩所、売店、エステ、ほぐし処、アカスリ　●交／東名静岡ICから25分、新東名新静岡ICから20分、JR静岡駅からバス11分

温泉DATA

泉　源	カブラヲ温泉：源泉、かけ流し、加温 籠上温泉：源泉、循環、加温
泉　質	カブラヲ温泉：含硫黄-ナトリウム-塩化物・炭酸水素塩泉 籠上温泉：単純硫黄温泉
源泉温度	カブラヲ温泉：27.6℃、籠上温泉：41.1℃
湧出量	カブラヲ温泉：毎分402ℓ、籠上温泉：毎分112ℓ
効　能	カブラヲ温泉：切り傷、末梢循環障害 冷え性、皮膚乾燥症 籠上温泉：自律神経不安定症、不眠症、アトピー性皮膚炎

街中から気軽に行けるスーパー銭湯として親しまれてきた「静岡天然温泉美肌湯」が、2015年にリニューアル。カフェ、読書スペースなど風呂上がりにくつろげる空間を充実させた。

2種類の湯を楽しめるのが魅力で、地下2000mから湧き出る籠上温泉はpH値9.9の高アルカリ性。汚れて酸性に傾いた肌を中和させるそうで、さながら天然石けんのよう。一方、葵区西ケ谷から毎日源泉を運ぶカブラヲ温泉は、メラニンの排出を促すという硫黄を多く含み、美白の湯と呼ばれる。ダブルの美肌効果で、浴後はすべすべ肌を実感できるはず。

5

1.ラウンジではコーヒーの無料サービスも好評　2.蔵書1万冊を誇る読書スペース　3.賤機山の麓に立つ　4.籠上温泉はジェットバス、ぬる湯など4種類の風呂がある　5.カフェで人気の静岡茶を練り込んだ「ちゅるりん麺 蒸し鶏の胡麻だれ」1078円

加水なしのぬるぬる湯
湯上がりの肌はつるピカ

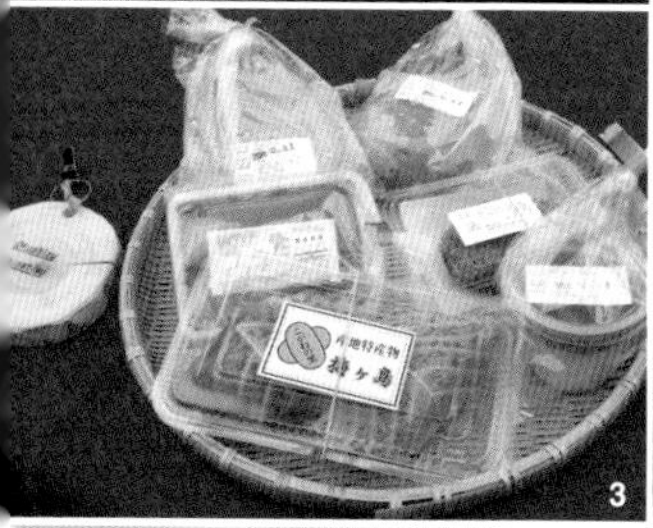

静岡市葵区

梅ヶ島新田温泉

梅ヶ島新田温泉 黄金《こがね》の湯

静岡市の山間部「オクシズ」の魅力がたっぷり詰まった市営の温泉施設。山桜、新緑、紅葉と、季節の移ろいと共に変わる風景を、露天風呂からはもちろん、「黄金の湯」へと向かう道中でも存分に味わえる。湯は肌にまとわりつくような、ぬるぬるした感触が特徴。湯上がりはつるピカ肌になると評判だ。同じ道沿いにある梅ヶ島温泉やコンヤ温泉とは異なる源泉なので、入り比べてみるのも面白い。

併設する食事・土産処「黄金の里」では、「手づくり刺身コンニャク」や「TEA豚のトンカツ」などが人気。土・日曜、祝日は「梅ヶ島産茶葉のスパイスチャイ」などカフェメニューが揃うハンモックカフェもオープンする。

1.無色透明の湯。加水なしの濃厚な湯が楽しめる　2.内湯。2018年から休憩所は持ち込み禁止となったのでご注意を　3.ここでしか買えないコンニャクなどが好評の「黄金の里」　4.ハンモックカフェでは、季節限定のランチ、ドリンクメニューが揃う

☎ 054-269-2615

●**住**／静岡市葵区梅ヶ島5342-3　●**営**／9:30〜17:30(最終受付17:00) ※12〜3月は〜16:30(最終受付16:00)　●**休**／月曜(祝日営業、翌日休み)、12/28〜1/1　●**¥**／大人(中学生以上)700円、小人(小学生以下)300円　●**湯**／[露天]男1、女1[内湯]男1、女1　●**施**／食事処、カフェ、休憩所、売店　●**交**／新東名新静岡ICから50分、JR静岡駅からバス100分徒歩2分

温泉DATA

泉　源	源泉、循環、加温
泉　質	ナトリウム・炭酸水素温泉
源泉温度	27.7℃
湧出量	毎分115ℓ
効　能	神経痛、関節痛、慢性消化器病、冷え症、切り傷、やけど、慢性皮膚病など

つるつる美肌をつくる とろみの強い硫黄泉

川根本町
寸又峡温泉

美女づくりの湯

南アルプス山麓に豊かな湯がこんこんと湧き出る町営露天風呂。泉質は肌にまとわりつくような強いとろみがあるのが特徴。湯上がり後の肌がつるつるすべすべになる湯ざわりの心地よさから、地元では古くから美肌にいいと言われてきたという。

風呂は屋根付きの露天が男女各1つずつ。木製の柵越しに奥大井の四季を肌で感じられるシンプルな造りの湯処だ。人気旅行サイト「トリップアドバイザー」で「死ぬまでに渡りたい世界の徒歩吊り橋ベスト10」に選ばれた「夢のつり橋」や遊歩道「グリーンシャワーロード」など観光名所に近い立地も魅力。絶景めぐりのついでにふらりと気軽に立ち寄りたい。

☎ 0547-59-3985

●住／榛原郡川根本町千頭368-3　●営／10：00～18：00（最終受付17：30 ※季節により異なる）　●休／木曜（季節により異なる）　●¥／大人（中学生以上）400円、子ども（3歳以上）200円　●湯／［露天］男1、女1　●施／特になし　●交／大井川鐵道千頭駅からバス40分徒歩5分

1.秋には紅葉も見事な寸又峡温泉街　2.露天風呂は雨天でも安心して入浴できる屋根付き　3.湯船に注がれる硫黄泉には湯の花が混じる　4.10人前後は入れそうな岩風呂の露天風呂。柵越しに渓流のせせらぎや山の風景が楽しめる

温泉DATA

泉源	源泉、かけ流し（一部）
泉質	単純硫黄泉
源泉温度	43℃
湧出量	毎分約309ℓ
効能	慢性関節痛、リウマチ、神経痛、糖尿病、慢性皮膚炎、美肌など

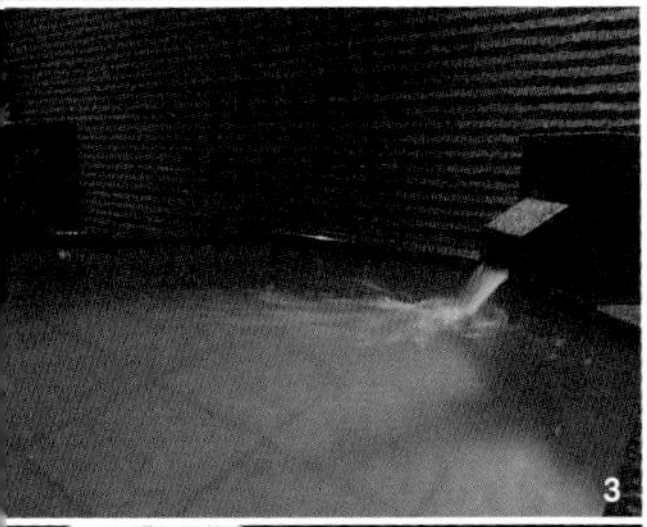

歴史と自然に彩られた
源泉100%の美人湯

120年の歴史がある数寄屋造りの老舗旅館。自慢の湯はすべて自家源泉100%の硫黄泉。入浴後に肌や髪がしっとりつやつやになるという。半露天造りの「飛天の湯」、明障子を配した「白蓮の湯」など、和の趣にこだわった空間美にも注目したい。

食事付きの日帰りプランは昼食・夕食の2種類。大浴場と貸切風呂で疲れを癒やし、地元食材をふんだんに盛り込んだ会席料理で味わい深いひとときを堪能できる。

自然豊かな周りの環境も魅力。天然記念物のモリアオガエルやアサギマダラの観賞、190体以上の石仏が安置されている「百観音」を目当てに通うファンも多いそうだ。

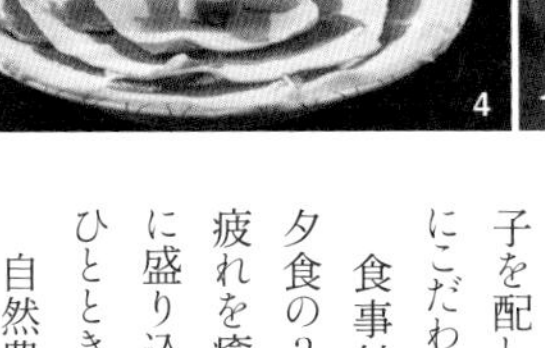

1.2016年に大規模リニューアルした大浴場「白蓮の湯」 2.中庭を望む檜の貸切風呂「椿の湯」 3.洞窟風の貸切風呂「洞の湯」 4.料理の名物は深蒸し茶を使ったしゃぶしゃぶと猪鍋。写真は猪鍋 5.宿から徒歩圏内の「百観音」

掛川市

倉真温泉

歴史の宿 真砂館《まさごかん》

☎ 0537-28-0111

●住／掛川市倉真5421 ●営／大浴場：11：00〜17：00、『貸切風呂』：11：00〜15：00 ※各要予約、1人あたり1時間 ●休／平日不定休 ●¥／「大浴場」大人（中学生以上）1000円、子ども（小学生以下）700円、「貸切風呂」大人1500円、子ども750円、「ご昼食プラン」9900円〜、「ご夕食プラン」11000円〜 ●湯／［内湯］男1、女1［貸切］2 ●施／ティーラウンジ、休憩所、宿泊、売店ほか ●交／東名掛川IC・新東名森掛川ICから25分、JR掛川駅から車25分 ※レトロバス送迎あり（8人〜）

温泉DATA

泉　源	源泉、かけ流し（一部）、循環（一部）、加温
泉　質	単純硫黄泉
源泉温度	20.1℃
湧出量	毎分約10.7ℓ
効　能	糖尿病、美肌、慢性消化器病、筋肉痛、関節痛、運動麻痺、冷え性、慢性皮膚炎など

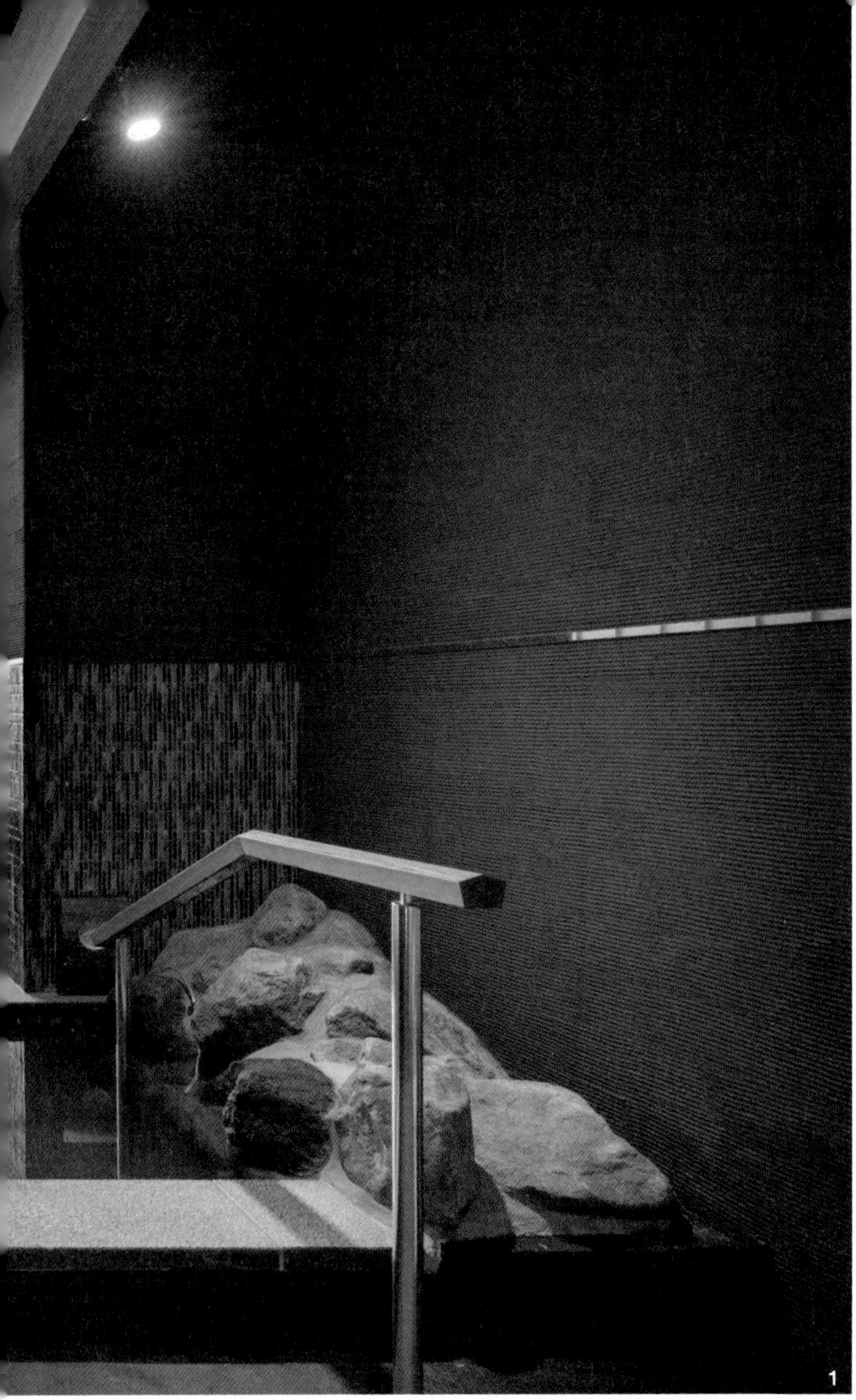

日帰り0泊温泉

家族で、2人で貸切風呂

御殿場市
御殿場木の花温泉

木《こ》の花《はな》の湯

1.貸切個室露天風呂「参ノ巻」。旅館の客室のようにくつろげる
2.一つ一つ手作りで形も独特な「壺湯」が魅力の貸切個室露天「弐ノ巻」

客室のような空間で雄大な富士を独り占め

　御殿場プレミアム・アウトレット敷地内に２０１９年末に誕生した自家源泉の日帰り温泉。最大の魅力は、湯船から雄大な富士山が真正面に見える開放的な絶景だろう。そのうえ、「貸切個室露天風呂」がなんと19室も用意され、２人きりで過ごしたいカップルや、小さな子ども連れのファミリー、おしゃべりに花を咲かせたい女性グループなどに人気だ。

　貸切個室の露天風呂は壺・檜・切石・岩の４タイプ。美肌づくりをサポートすると話題のメタケイ酸が含まれる淡い黄褐色の湯を存分に堪能できる。また、室内にはイスやテーブルなどの家具も設置されているので、カフェで軽食やドリンクを購入して楽しむのもおすすめだ。

　ちなみに、この温泉、買い物中の女性陣を気長にゆったり待つことができると男性にも好評という。木をふんだんに使用した格調高い館内には、レストランやリラクゼーション施設などもある。のんびり一日過ごすのもいい。

3

3.富士山の大沢崩れから採石された大沢石を積み上げた大浴場の露天「岩風呂」　4.大湯の「見晴らしテラス」からも圧倒的な富士山が拝める　5.ゴロンと横になれる無料の「うたたね房」　6.無料休息房にはコミックや書籍が用意されている

5

6

4

7.和モダンなレストラン「ダイニング花衣」では地元食材を使用した和食などが楽しめる。写真は5500円のコースの一例　8.御殿場名物「みくりやそば」990円も好評

木の花の湯

☎ 0550-81-0330（自動音声ダイヤル）

●住／御殿場市深沢2839-1　●営／10:30〜22:00（最終受付21:00）　●休／不定休　●¥／「大浴場」大人（中学生以上）1600円、子ども（3歳〜小学生）800円、「貸切個室露天風呂」（要予約）1室4500(最大定員2人)〜6500円（最大定員6人）※いずれも土日祝日は料金が異なる　●湯／［露天］男2、女2、［内湯］男4、女4［貸切］19［その他］座湯（内湯）、立湯（露天）、ドライサウナ
●施／食事処、カフェ、休憩所、エステ、マッサージ　●交／東名御殿場ICから10分、JR御殿場駅からシャトルバス15分

温泉DATA

泉　源	源泉、循環、加温、加水
泉　質	ナトリウム-硫酸塩・塩化物・炭酸水素塩温泉
源泉温度	36.1℃
湧出量	毎分160ℓ
効　能	冷え性、筋肉痛、疲労回復など

ちょっと寄り道

～ Chotto Yorimichi ～

富士の恵みの湧き水「木の花名水」

清浄な空気が漂い、身がひきしまる境内。お参りをすませたら、ここでしか手に入らない富士山の湧水「木の花名水」を汲んで帰りたい。バナジウムを豊富に含み、まろやかな味わいが特徴という。

1.地下80mから汲み上げる名水　2.木之花咲耶毘売命（コノハナサクヤヒメノミコト）が主祭神

新橋浅間神社 にいはしせんげんじんじゃ

☎ 0550-83-0604

●住／御殿場市新橋2083　●駐／あり ※水の汲める時間は7:00〜19:00

伝統製法で造るハム・ソーセージ

別荘地の宣教師から伝授された製法を守る老舗ハム・ソーセージ工房。厳選した国産豚肉から手造りする看板商品「ベーコン」「ボロニアソーセージ」のほか、香りが上品な「ロースハム」などお土産にしたい品が揃う。

1.燻製室で丁寧に造られる　2.「ベーコン」432円、「ボロニアソーセージ」238円（各100g）

二の岡フーヅ

☎ 0550-82-0127

●住／御殿場市東田中1729　●営／9:00〜18:00
●休／火曜（祝日営業）※12月は無休　●駐／あり

贅沢なロケーションを
露天風呂付き個室で堪能

1.木の香漂う檜風呂の「露天風呂付き個室 亜麻」 2.美容成分入りの入浴剤を使用した「DHCの湯」 3.開放感抜群の3階大露天風呂 4.海が見渡せる無料休憩室 5.陶器の露天風呂を配した「露天風呂付き個室 銀鼠」

伊東市

赤沢温泉

赤沢日帰り温泉館

相模湾を一望する大パノラマが自慢の温泉施設。中でも予約殺到の人気風呂が「露天風呂付き個室」だ。湯船から大海原の絶景を独り占めでき、テレビや座卓も用意されている。ホテルの一室のようにゆったりくつろげると評判だ。

部屋は水がき、銀鼠、亜麻、萌黄といった日本の伝統色をテーマにした4つのタイプがあり、それぞれ岩、陶器、檜、樽と趣の異なる露天風呂がある。人気プランのため2週間前までの予約をおすすめしたい。

もう一つ外せないのが、3階と4階にある男女入れ替え制の「大露天風呂」だ。目の前に広がる大海原と湯船がまるで一体化しているような感覚に、身も心も開放される。

内湯にはジャグジーやサウナのほか、化粧品メーカーDHCの入浴剤が入った湯船もある。タオルは無料で貸し出され、DHCのアメニティーグッズも揃っているため手ぶらで気軽に行けるのがうれしい。こちらは比較的空いている午前中が狙い目だ。

赤沢日帰り温泉館

☎ 0557-53-2617

●**住**／伊東市赤沢字浮山170-2　●**営**／10:00～22:00（最終入館21・00）　●**休**／なし　●**¥**／大人（中学生以上）1600円、子ども850円 ※繁忙期等は料金が異なる。「露天風呂付き個室」入館料+2800円（1時間）※土日祝日は+3500円　●**湯**／［露天］3F/1、4F/1 ［内湯］3F/1、4F/1 ［貸切］4 ［その他］ジャクジー、打たせ湯、寝湯、ミストサウナ、ドライサウナ、DHCの湯　●**施**／食事処、休憩所、売店、マッサージほか　●**交**／東名沼津ICから80分、伊豆急行伊豆高原駅から送迎バス15分

♨ 温泉DATA

泉　源	源泉、循環、加温
泉　質	カルシウム・ナトリウム-塩化物・硫酸塩泉
源泉温度	43.2℃
湧出量	毎分150ℓ
効　能	神経痛、関節痛、打ち身、慢性消化器病、疲労回復など

ちょっと寄り道

～ Chotto Yorimichi ～

生産者の顔が見える地元の農産物

温暖な伊豆で育った朝採れ野菜や果物、花や樹木など充実の品揃えが自慢。ダイダイのドレッシングやジャム、サイダーなど地場産品を使った加工品もおすすめ。農産物の食べ方を教えてくれる食育ソムリエも常駐する。

珍しい野菜やご当地食品のほか真夏以外は多彩な柑橘類が揃う

JAあいら伊豆 いで湯っこ市場

☎ 0557-44-5050

●**住**／伊東市玖須美元和田715-26　●**営**／9:00～16:00　●**休**／第3火曜 ※臨時休業あり　●**駐**／あり

伊豆高原の風を感じるベーカリー

静かな木立に香ばしい香りが漂うベーカリーカフェ。小麦粉の配合と自家製にこだわる80種類以上のパンが並ぶ。おすすめはライ麦を配合した天然酵母のフランスパン。ガーデンテラスでゆっくりとランチを楽しむのもいい。

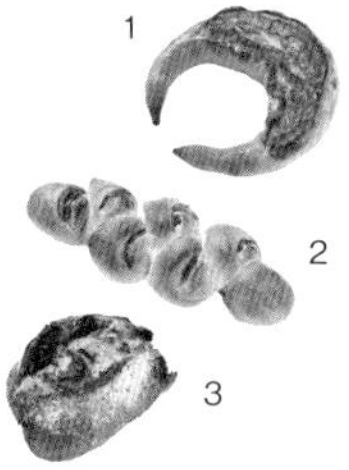

1.ブルーチーズ入り「トリュオンフ」432円　2.「ベーコンエピ」345円　3.「パン・オ・フィグ(小)」280円

ル・フィヤージュ

☎ 0557-53-3953

●**住**／伊東市八幡野1305-75　●**営**／9:00～17:00 ※カフェ～16:00　●**休**／火曜　●**駐**／あり

ＪＲ伊東駅から程近い、目の前が海という好立地にある全部屋和室の宿。２０２０年２月に素泊まりのみの宿へとリニューアル。手頃な料金で気軽に利用できると幅広い客層に支持されている。

自家源泉を含む３つの源泉から引く豊富な湯を惜しみなく注ぐ風呂は、高温と低温の湯を混ぜることでなるべく加水や加温をせずに供給。本館、別館ともに２カ所ずつ貸切風呂を設え、趣の異なる４つの湯処から相模湾を一望できる。

別館屋上にある貸切風呂、展望露天風呂「ひこぼしの湯」「おりひめの湯」はどちらも天井がなく開放的。澄み渡る青空と目の前に広がる海を独り占めしたような贅沢な気分になれる。本館３階にある落ち着いた和風の貸切風呂「初島」「手石島」は、海をより近くに感じられると好評だ。場所により予約時間が異なるため、来館前の問い合わせが確実。大浴場は14～18時まで自由に入浴できるのでのんびり湯浴みを楽しもう。

伊東市

伊東温泉

湯あみの宿 かめや楽寛《らかん》

1.別館屋上にある貸切展望露天風呂「ひこぼしの湯」 2.相模湾を一望し癒やされる湯船 3.遠くに見える初島や手石島に思いを馳せる本館3階の「手石島」 4.「初島」「手石島」へのアプローチ 5.眼下に海が見渡せる陶器の浴槽「手石島」

1

見渡す限りの海と贅沢な時を過ごす

湯あみの宿 かめや楽寛

📞 0557-37-1515

●住／伊東市湯川2-4-12　●営／12:00〜18:00 ※貸切12:00〜15:00(要予約) ※ほかのコースもある
●休／なし　●¥／「貸切」2500円(1カ所・3人まで・45分)※土日祝日等は料金が異なる。「大浴場」1000円
●湯／［内湯］男1、女1［貸切］4　●施／宿泊　●交／東名沼津ICから70分、JR伊東駅から徒歩5分

温泉DATA

泉　源	貸切風呂:源泉、かけ流し、加温、加水、大浴場:源泉、かけ流し、加温、加水、循環
泉　質	アルカリ性単純温泉
源泉温度	53℃
湧出量	不明
効　能	神経痛、筋肉痛、関節痛、五十肩など

ちょっと寄り道
～ Chotto Yorimichi ～

大正初期の邸宅で名庭と食を楽しむ

大正5年に築造され、幾度となく大火から逃れてきた奇跡の邸宅。日本の名庭100選に作品が選ばれた庭師が手掛けた庭園を愉しめる。落ち着いた雰囲気の店内で、地物食材をふんだんに使用した割烹料理を堪能できる(3日前までの要予約)。

「お任せ懐石」はランチ3850円〜、ディナー5500円〜

古民家割烹 ひよけ家《ひよけや》

📞 0557-48-9022

●住／伊東市宇佐美1748-1　●営／12:30〜14:00、16:30〜20:00　●休／月・火曜　●駐／あり

焼けば違いが分かる完全天日干し

伊東で水揚げされた魚を加工する干物専門店。天日干しのアジ、カマス、カワハギ、エボダイのほか、イカの塩辛もおすすめ。2階の食堂の人気メニューは干物と刺身の「おまかせ定食」1650円。購入した干物を自分で焼いて味わえる。

「サバのみりん干し」320円は食堂でも人気

味付けは塩のみ。秘伝の味「いかの塩辛」800円〜

ふじいち

📞 0557-37-4705

●住／伊東市静海町7-6　●営／7:00〜17:30 ※食堂10:00〜16:00(15:00LO)　●休／なし　●駐／あり

海を望む、極上のプライベート露天風呂

1

1.海の絶景が広がる「PINE」。完全予約制　2.全客室がオーシャンビュー　3.海を見ながらくつげるウッドデッキのある「BAMBOO」　4.和風大浴場「遥都」（まほろば）の露天風呂「雲母」（きらら）。現在は宿泊客専用

下田市

下田温泉

下田大和館《やまとかん》

下田・多々戸浜を一望するリゾート感あふれる宿。なかでも最も海に近く波音が心地よい贅沢な風呂が、日帰り入浴できる貸切温泉露天風呂「SPA VILLA」だ。

枝ぶりのいい松とドーム屋根が印象的な「PINE（パイン）」と、竹林に囲まれたようなエキゾチックな雰囲気の「BAMBOO（バンブー）」の2つの浴室があり、定員は各4人。白浜のビーチが広がり、日中はきらきらと輝く海、夕暮れ時には赤く染まる空、夜にはライトアップと、時の流れと共に移りゆく景色が楽しめる。湯に浸かり、海とひとつになるような極上のプライベートタイムが過ごせる。両方を同じ時間帯で貸切にすることもできるので、仲間同士、双方を行き来するのも楽しそうだ。

無色透明で肌にやさしい豊富な湯は、行基上人が発見したと伝えられる蓮台寺温泉から引いたもの。アメニティーも充実し、バスローブやミネラルウォーターも用意され、温泉入浴指導員も常駐している。下田駅からシャトルバスが出ているのもうれしい。

3

2

4

下田大和館

📞 0558-22-1000

●住／下田市吉佐美2048　●営／15:00～18:00、貸切露天15:00～16:00（完全予約制）　●休／年に数日　●¥／貸切「PINE」4950円、「BAMBOO」3850円（各1時間）※完全予約制　●湯／［貸切露天］2 ※海を望む洋風・和風露天風呂、内湯は宿泊客専用　●施／食事処、売店、エステ、マッサージ、宿泊●交／東名沼津ICから120分、伊豆急行下田駅からシャトルバス7分

♨ 温泉DATA

泉　源	源泉、循環、加水
泉　質	弱アルカリ性単純温泉
源泉温度	55℃
湧出量	不明
効　能	神経痛、筋肉痛、運動麻痺、慢性消化器病、冷え性、疲労回復など

ちょっと寄り道

～ Chotto Yorimichi ～

キンメ土産ならココ!

海産物製造会社の直営店。おすすめは脂がのった干物や西京漬け、スモーク、姿煮、ハーブ漬けなど。多彩なキンメ土産に定評がある。

甘辛味の「金目鯛姿煮」2592円

まるいち

📞 0558-22-8577

●住／下田市外ヶ岡1-1道の駅開国下田みなと1F　●営／8:30～16:30　●休／なし　●駐／あり

朝から営業の魚市場食堂

下田魚市場内にある食堂。一番人気は地キンメ、沖キンメ、平キンメなどの地魚3種がのる「金目三色丼」だ。朝限定の地魚丼「朝定食」も好評。

「金目三色丼」1500円

金目亭

📞 0558-22-6314

●住／下田市外ヶ岡1-1　●営／7:00～9:30、11:00～15:00　●休／火曜　●駐／あり

魚屋ならではの逸品揃い

旬の地魚を扱うこの店のおすすめは、もちろんキンメダイ。丸ごと一匹での販売のほか、「スモークボーン」や「スモーク生ハム仕立て」などもある。

「キンメダイ」時価。頼めばおろしてもらえる

渡辺水産下田支店

📞 0558-22-1169

●住／下田市2-9-25　●営／9:00～17:00　●休／火曜　●駐／あり

プロが認めた五ツ星の源泉 食事付きプランが自慢

家族で、2人で貸切風呂

伊東市

伊東温泉

横浜藤よし伊豆店

伊豆半島随一の景観が楽しめる城ケ崎海岸から車で約10分。小高い丘に建つ1日4組限定の割烹旅館自慢の湯は、源泉100%のかけ流し。全国各地の名湯を取材してきた温泉評論家の小森威典氏が「五ツ星源泉宿」に認めた良泉は、先代が地下1200mから掘り当てたものだ。

紺碧の相模湾を一望し、春は河津桜が彩りを添える半露天風呂「新相模の湯」など貸切風呂は敷地内に6カ所。受付時刻から3時間以内で湯めぐりができる。刺身舟盛りか磯焼きを選べる食事付き日帰り入浴プランは鮮度抜群の魚介が好評だ。硫黄がほのかに香り、指通りなめらかな湯を求め、女性客や家族連れの多くがリピーターという。

1.横浜が本家の和風割烹の技が息づく食事付きプランの舟盛り 2.石造りで落ち着いた雰囲気が魅力の「女神の湯」 3.畳の休憩スペースがある「なごみの湯」(別途有料の事前予約制) 4.早春には河津桜が楽しめる「新相模の湯」

☎ 0557-51-3211

●住／伊東市富戸1305-8 ●営／11:00～20:00(最終受付18:00) ●休／不定休 ●¥／大人1500円、小学生以下750円、「食事付き日帰り入浴プラン」1人6000円(浴衣、フェイスタオル、バスタオル付き、入湯税150円別) ●湯／[半露天貸切]7 ●施／食事処(広間)、休憩所 ●交／東名沼津ICから80分、伊豆急行川奈駅から車10分、伊豆急行富戸駅から送迎あり(要予約)

♨ 温泉DATA

泉源	源泉、かけ流し
泉質	カルシウム・ナトリウム-硫酸塩泉
源泉温度	50.2℃
湧出量	毎分約150ℓ
効能	美肌、切り傷、打ち身、神経痛、疲労回復、慢性皮膚病など

家族で気軽に行ける“九州の名湯”

1　2　3　4

ショッピングセンター内にあり、気軽に立ち寄れる。地下1500mから湧出する天然温泉と「湯布院」「黒川」「嬉野」など、九州の名湯をイメージした7種類の貸切風呂が自慢。信楽焼の陶器風呂や自然石をくりぬいた風呂、高野マキをふんだんに使用した木風呂など、多様な湯船も魅力だ。大浴場には露天風呂、高濃度炭酸泉、壺湯もあり、すべて制覇したくなる。

　注目は、5種のサウナ空間からなる薬石汗蒸房（やくせきはんじゅんぼう）。着衣のまま楽しめる温浴コーナーで、トロッコに積まれた麦飯石で温まる「車蒸房」、岩塩を敷き詰めた高温サウナ「岩塩房」は特に人気が高い。

5

1.広めの貸切特別風呂「黒川」は家族連れに好評　**2.**朱赤の陶器風呂が目を引く「杖立（つえたて）」　**3.**岩風呂「別府」　**4.**薬石汗蒸房にある「岩塩房」　**5.**ロビーには漫画や雑誌が8000冊揃う

浜松市浜北区

源泉掛け流し 薬石汗蒸房 **風と月**

053-584-6199

●**住**／浜松市浜北区平口2861 サンストリート浜北1F　●**営**／8:00～24:00（最終受付23:00）※薬石汗蒸房・貸切風呂の最終受付は22:30　●**休**／なし　●**¥**／大人（中学生以上）800円、子ども（中学生未満）250円、「薬石汗蒸房」大人1500円、子ども（小学生）700円、「貸切風呂」一般室3000円、特別室3700円　●**湯**／［露天］男1、女1［内湯］男1、女1［貸切］7［その他］岩風呂、炭酸風呂、ジェット風呂ほか　●**施**／食事処、休憩所ほか　●**交**／東名浜松西ICから20分、新東名浜松浜北ICから15分、遠州鉄道浜北駅から徒歩5分

温泉DATA

泉　源	源泉、かけ流し（一部）、循環（一部）、加温（一部）、加水（一部）
泉　質	ナトリウム・カルシウム-塩化物泉
源泉温度	30℃
湧出量	毎分約170ℓ
効　能	神経痛、筋肉痛、関節痛、運動麻痺、冷え性、切り傷、やけど、慢性皮膚病など

NEO温泉コラム

Enjoy!

温泉&アウトドア

自然豊かな山の湯を堪能し、
ハイキングや川遊び、バーベキュー、キャンプなどアウトドアも。
自然を満喫するNEW温泉スタイルを楽しもう。

自然に囲まれて気分爽快!

静岡市清水区

清水西里温泉

やませみの湯

054-343-1126

●**住**/静岡市清水区西里1449　●**営**/9:30〜18:00 ※土日祝日〜19:30(最終受付1時間前)　●**休**/月曜(祝日営業、翌日休み)、年末年始　●**¥**/大人700円、子ども300円(1日) ※回数券もある　●**湯**/[露天]男3、女3[内湯]男1、女1[その他]ジャグジー(内湯)　●**施**/食事処、休憩所、売店　●**交**/東名清水ICから35分、新東名清水ICから20分

温泉DATA

泉源	源泉、かけ流し、循環、加温、加水
泉質	ナトリウム・カルシウム-塩化物泉
源泉温度	30.1℃
湧出量	毎分36ℓ
効能	神経痛、筋肉痛、慢性皮膚病(竹酢入りの湯)、冷え性など

川遊びやBBQの後は里山の湯へ

森林公園「やすらぎの森」にある公営の日帰り温泉施設。その魅力はなんといっても、自然に囲まれた立地。露天風呂の周りは美しく植栽され、季節の花や新緑、紅葉を眺めながら入る湯は格別だ。ゆっくり体の芯まで温まるかけ流しの源泉ぬる湯のほか、人気の竹炭湯、曜日限定で登場する竹酢湯など多彩な風呂が楽しめる。

公園にはボードウォークなどが整備された散策コースも。秋の早朝には杉尾山展望台から雲海の絶景に出合えるかもしれない。川遊びやバーベキュー、デイキャンプなど1日遊べる魅力が満載だ。

1.聞こえてくる鳥のさえずりに癒やされる岩風呂　2.檜の香りがすがすがしい檜風呂　3.黒川キャンプ場(無料)は1カ月前から予約可能　4.浅瀬で安心して川遊びができる黒川　5.杉尾山展望台から見る幻想的な雲海　6.食事処の名物「駿河ぶっかけそば」680円と「わさびコロッケ」300円　7.特産品の販売コーナー

1.源泉100%でぬめりのある泉質は美肌に良さそう　2.一番遠いサイトでも温泉まで徒歩5分　3.夏は場内を流れる原野谷川で川遊びもできる　4.春は桜、秋は紅葉と四季折々の風景も魅力　5.おなかが空いたら食事処「ならここ食堂」へ　6.地元「柴田牧場」の牛乳やアイスも販売　7.人気の「葛そば(ざる)」670円

満天の星をキャンプで露天風呂で満喫!

約100台のキャンプサイトと約30棟のバンガロー&コテージを備える「ならここの里」。このキャンプ場が注目されている理由は、「キャンプでお風呂に浸かりたい!」という願いを叶える天然温泉があるから。緑豊かな山々と清流のせせらぎに包まれながら贅沢な湯浴みを体感できる。

昼は大自然のパワーに、夜は満天の星空に吸い込まれるような感覚に浸れる露天風呂は特に人気。檜の浴槽に源泉を張った貸切家族風呂「ここ湯」(予約制)もおすすめだ。

湯上がりは休憩処「杣(そま)の館」や「ならここ食堂」でゆったり過ごすのもいい。

掛川市
もりのみやこ温泉

もりのみやこ温泉 ならここの湯

☎ 0537-25-2055(キャンプ場)　0537-20-3030(ならここの湯)

●住／掛川市居尻179　●営／10:00～21:00(最終受付19:30)　●休／第1・3火曜(祝日営業、翌日休み)　●¥／大人(中学生以上)510円、子ども(3歳以上)300円　●湯／[露天]男1、女1[内湯]男1、女1[貸切]1　●施／キャンプ場、コテージ、バンガロー、食事処、休憩所、売店ほか　●交／東名掛川ICから35分、新東名森掛川ICから15分、JR掛川駅から車35分

♨ 温泉DATA

泉　源	源泉、かけ流し(一部)、循環、加温、加水(一部)
泉　質	ナトリウム塩化物泉
源泉温度	39.8℃
湧出量	毎分117ℓ
効　能	神経痛、筋肉痛、関節痛、慢性消化器病、慢性婦人病、慢性皮膚病、冷え性、疲労回復など

源泉かけ流しの湯と
ランチでキレイを目指す

日帰り
0泊
温泉

ランチ・ディナー付きで贅沢に

優雅なリゾートステイが魅力の宿だが、日帰りでもそんな贅沢気分が味わえるとあれば出かけたいと思うのは必然。温泉と美食が楽しめる「日帰り温泉&ランチ」プラン(要予約)には、自家源泉のかけ流しで檜、岩、石の露天風呂がある「碧海」(へきかい)と、檜と岩の露天風呂のある「和月」(わげつ)の2つの大浴場が用意されている。もちろん内湯もあり、どの湯船からも相模湾を一望でき、時間帯で男女が入れ替わる。

ナトリウムを多く含む北川温泉の泉質は保温効果が高く、湯冷めしにくい。さらに美肌効果が期待できるメタケイ酸が豊富なのもうれしい。

選べるランチは「美味しく食べて、キレイになる」をテーマにフランス料理と日本料理を融合させた「フレンチ懐石」か、シェフのパフォーマンスが気分を盛り上げる「鉄板焼」のどちらかを選べる。窓の向こうに広がる相模湾の絶景におなかも心も満たされる、贅沢な時間を満喫しよう。海藻や海泥、天然椿オイルを使ったスパエステがプラスされるプランもある。

東伊豆町
北川温泉

吉祥CAREN《きっしょうカレン》

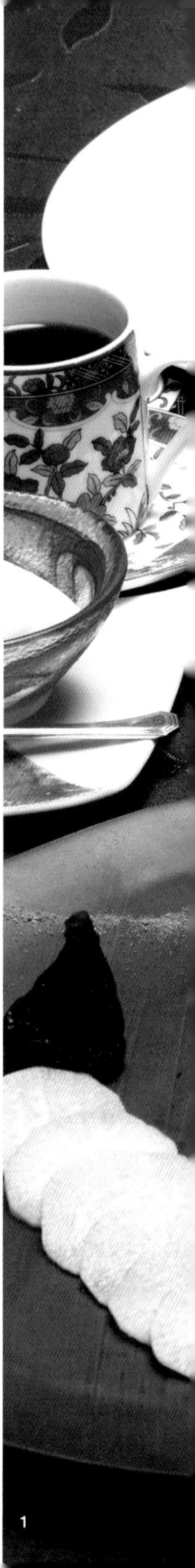

1.彩り鮮やかでヘルシーなフレンチ懐石ランチ「美ビューティー」は日帰り入浴付きで6545円。メインは肉か魚かを選べる。写真は「金目鯛のソテー ソース柚子ヴィネグレット」 **2.**海を望むレストラン「フォーシーズン」にて。写真はメインの肉料理「国産和牛ロースト ソース赤ワイン」

「碧海」の露天風呂「檜」。天気が良ければ、遠くに伊豆大島が見える

木々を揺らす潮風が心地よい「和月」の露天風呂。「日帰り温泉&ランチプラン」では姉妹館「つるや吉祥亭」の大浴場も利用できる

ドリンクサービスのある「湯上りサロン」

ゆったりくつろげるロビーにはライブラリーラウンジも

吉祥CAREN

☎ 0557-23-1213

●住／賀茂郡東伊豆町奈良本1130-1 ●営／11：30～16：00（3日前までの予約制） ●休／なし ●¥／「日帰り温泉&ランチプラン」6545～11000円、「日帰りランチ&スパ」24035円～ ●湯／［露天］5［内湯］2 ※入れ替え制 ●施／食事処、休憩所、売店、エステ、宿泊 ●交／東名沼津ICから85分、伊豆急行伊豆熱川駅から送迎バス10分

♨ 温泉DATA

泉　源	源泉、かけ流し、加水
泉　質	ナトリウム・カルシウム-塩化物泉
源泉温度	70.4℃
湧 出 量	毎分300ℓ（2本）
効　能	神経痛、関節痛、運動麻痺、打ち身、冷え性、疲労回復など

ちょっと寄り道

～ Chotto Yorimichi ～

居酒屋感覚で楽しめる海鮮処

インパクトのある盛り付けに驚く「鯵のたたき丼」は店一番の人気メニュー。ほかにも真イカの身とゲソの刺身をワタと特製醤油で味わう一品や、炙って風味を増したキンメの刺身など酒に合う一品も揃う。

1.「烏賊刺のバカ旨喰い」880円、「金目鯛の炙り刺」2200円
2.高さ12cmのたたきのタワーがのる「鯵のたたき丼」1650円

伊豆の味処 錦 にしき

☎ 0557-23-3279

●住／賀茂郡東伊豆町奈良本971-35 ●営／11：30～14：30、17：30～20：30LO（最終入店20：00） ●休／水曜夜、木曜 ●駐／あり

サザエの中身は、たっぷりの粒あん!?

昭和26年創業の老舗和菓子店。名物はサザエの形をした最中。十勝産小豆を炊いた粒あんがたっぷり入った逸品で、土産に買い求める人が多い。薄いようかんで甘く炊いたグリーンピースを包んだ「成金豆」も好評。

1.「成金豆」（2個）150円。この地域ではキヌサヤを「成金豆」と呼ぶそうだ　2.サザエ最中「波の子」200円

清月堂駅前店 せいげつどう

☎ 0557-23-2603

●住／賀茂郡東伊豆町大川253-13 ●営／8：00～18：00 ●休／水曜 ●駐／あり

優美な創作和食を楽しむ 贅沢日帰りステイ

熱海市

熱海温泉

熱海TENSUI《てんすい》

わずか19室の贅沢な空間でゲストをもてなす和モダンなオーベルジュ。上質な時間へといざなうエントランス、和と洋両方の優美さを融合させたスタイリッシュな空間、伝統を守りつつ斬新なアイデアを盛り込んだ会席料理、遠く相模湾を見渡す露天風呂と、贅を尽くしたホテルステイが日帰りで満喫できることを知る人は案外少ない。

滞在時間は15～21時の最大6時間。夕食は「基本会席」と「ライト会席」の2種類が用意され、旬の食材が料理長の手でＴＥＮＳＵＩ流会席へと生まれ変わる。色鮮やかな前菜、基本会席では炎の演出など、舌はもちろん目でも楽しませる演出が楽しい。ケーキやオードブル、ワインのウェルカムサービス（15～17時）が用意されているのもうれしい。

露天風呂は１００％源泉かけ流し。弱アルカリ性の温泉は湯あたりがやわらかく、美肌効果も期待できるそう。ジェットバスもあるのでゆっくり体をほぐそう。たまには自分へのご褒美に、オーベルジュならではのラグジュアリーな時間を堪能したい。

4

2

5

3

1.先付けや国産牛ローストビーフのメイン、目の前で焼かれるクレープシュゼットなど、ここならではの創作和食を　**2.**内湯にはジェットバスもある**3.**座り心地の良さを追求したチェアを配したスタイリッシュなテラス　**4.**障子の柄もおしゃれな和室。キングベッドの客室もある　**5.**モダンな雰囲気のエントランス
6.遠く相模湾が見渡せる源泉かけ流しの露天風呂

熱海TENSUI

0570-032-217

●**住**／熱海市小嵐町2-3　●**営**／15:00〜21:00　●**休**／なし　●**¥**／「基本会席付プラン」14300円〜、「ライト会席プラン」12100円〜、食事なし8800円〜 ※各2人利用時の1人料金　●**湯**／［露天］男1、女1［内湯］男2、女2［その他］ジャグジー、岩盤浴　●**施**／食事処、エステ、宿泊　●**交**／伊豆縦貫道大場函南ICから30分、JR来宮駅から車7分

温泉DATA

泉　源	露天風呂：源泉、かけ流し、その他：循環、加温、加水
泉　質	カルシウム・ナトリウム-塩化物・硫酸塩温泉
源泉温度	42℃
湧出量	491.8ℓ（混合泉）
効　能	神経痛、筋肉痛、関節痛、五十肩、運動麻痺、関節のこわばりなど

6

旬を楽しむ懐石料理と貸切風呂で贅沢な時間を

1

伊東市

城ヶ崎温泉

花吹雪《はなふぶき》

4500坪の敷地に宿泊棟や湯殿が点在するプライベート感あふれる宿。3棟ある料理茶屋では、季節の懐石料理コース3850円、5500円が味わえる。花吹雪流に仕立てた江戸時代から続く伝承料理・嶺岡豆腐や香木・クロモジで漬けた香の物など、ここならではの料理が膳を彩る。旬の地魚をはじめ長野の契約農家で育てられた無農薬野菜など素材へのこだわりも隋所に垣間見える。窓越しに広がる豊かな自然を眺めながら、食事を楽しもう。

24時間源泉かけ流しの7つの湯殿はすべて貸切。杉皮を葺いた屋根と黒竹の穂垣に囲まれた「鄙(ひな)の湯」、浴槽にクロモジを使用した「黒文字湯」、脱衣室も総檜造りの「檜湯殿」など、趣の異なる空間で湯浴みを堪能できる。

切り傷に良いとされる湯は硫酸塩泉と塩化物イオンでピーリング作用や美肌効果も期待できるという。春には河津桜や大島桜など、長い期間、桜を愛でることができるので、湯上がりの散策で心と体を癒やしたい。

3

2

1.季節のコース3850円。四季折々の旬が並ぶ懐石料理。日帰り温泉にプラスして味わえる　2.森の緑を眺めながら心ゆくまで浸かりたい「鄙の湯」　3.窓越しの景色に心和む食事処　4.鎮静作用と免疫効果に優れた黒文字の香漂う「黒文字湯」

花吹雪

0557-54-1550

●**住**／伊東市八幡野1041　●**営**／11:00～14:00　●**休**／なし　●**¥**／大人1600円、子ども（4歳～小学生）800円 ※50分入れ替え制、食事利用時の入浴料1300円、食事料別途　●**湯**／［貸切］7（内湯＋露天1、露天3、内湯3）　●**施**／食事処、売店、宿泊　●**交**／東名沼津ICから90分、伊豆急行伊豆高原駅から徒歩13分

温泉DATA

泉　源	源泉、かけ流し
泉　質	ナトリウム・カルシウム-塩化物・硫酸塩温泉
源泉温度	62.2℃
湧出量	毎分150ℓ
効　能	動脈硬化、切り傷、疲労回復、神経痛、アンチエイジング、冷え性など

4

特別なくつろぎの空間で洗練された料亭料理を味わう

1

伊豆の国市

伊豆長岡温泉

中伊豆料理宿 正平荘《しょうへいそう》

昭和40年創業の温泉宿。京風料亭料理が堪能できる隠れ宿として名高く、門扉に一歩足を踏み入れれば、四季折々の表情を見せる日本庭園が出迎えてくれる。「真に安らげる宿」をコンセプトに、細部に匠の技が光る趣ある客室、やわらかな灯りに包まれた湯処、地酒バーなど、全館すべてがくつろぎの空間となっている。

自慢の料理は、有名料亭や高級旅館で研鑽を重ねた料理長が素材を厳選。中伊豆の伝統料理を中心とした懐石を味わえる。日帰り入浴では、その日限りの極上ランチを楽しむ「箱庭正平膳」のほか、夜の懐石プランなどもある。

平安時代から続く天然温泉「古奈の湯」を引く温泉は滑らかな湯ざわり。美肌はもちろん神経痛や筋肉痛をやわらげるという。和モダンの雰囲気に包まれた大浴場と高級御影石の内風呂は2017年にリニューアル。露天風呂は岩風呂やモルタルに炭を大量に混ぜ込んだマイナスイオン効果も高いと言われる「炭湯」に。新しくなった温泉で心と体を芯まで温めたい。

3

4

5

2

1.季節を楽しむ極上ランチ「箱庭正平膳」の一例　2.露天風呂「炭湯」は京都北山杉の壁面とモルタルに炭を混ぜ込んだ浴槽が特徴　3.上質な設えの食事処　4.樹齢2000年の古代檜を使用した大浴場　5.庭園を見渡す幻想的な雰囲気の暖炉スペース　6.器との調和にも気を配る「日帰り懐石プラン」の一例

中伊豆料理宿 正平荘

055-948-1304

●**住**／伊豆の国市古奈256-1　●**営**／9:00～20:30　●**休**／不定休　●**¥**／「箱庭正平膳（ランチ）」5500円 ※11:00～14:00、2人～、「日帰り懐石」8800円～、4人～ ※各入浴料別途1100円、各前日までの要予約　●**湯**／［露天］男1、女1［内湯］男1、女1　●**施**／ダイニング、ラウンジ、ダイニングバー、売店、ギャラリー、卓球場、宿泊　●**交**／伊豆中央道長岡北ICから5分、伊豆箱根鉄道伊豆長岡駅から車5分

温泉DATA

泉　源	源泉（一部）、かけ流し（一部）、ろ過加温
泉　質	強アルカリ単純泉
源泉温度	59.6℃
湧出量	不明
効　能	神経痛、打撲、冷え性、末梢循環障害、軽症高血圧など

6

ランチ・ディナー付きで贅沢に

富士山とフレンチと空間デザイン 3つの美を愉しむ

1

御殿場市

御殿場乙女温泉

レンブラントプレミアム富士御殿場

若林広幸氏の建築デザインによる、圧倒的な存在感とオーラを纏ったラグジュアリーホテル。外観のみならず、天井、窓、チェアなど館内の細部にまで、意匠性に富む〝若林イズム〟が感じられる。そしてロビーからは富士山の絶景。標高550mの高台から見る霊峰は、頂上から裾野まで広がる優美な姿で心を和ませる。

料理をプロデュースするのは山本秀正シェフ。アメリカ歴代3大統領の就任晩餐会で総料理長を歴任するなど、世界中のセレブを魅了してきた人物だ。駿河湾の新鮮な魚介や地場野菜など食材のおいしさを最大限に引き出す「四季を五感で楽しむジャパニーズフレンチ」で上質なランチを演出する。

食後は大理石や岩風呂の露天風呂に浸かり、天然温泉と絶景を楽しもう。疲労回復やデトックス効果を求めるなら、フィンランド式サウナや富士山の伏流水を使用した水風呂へ。リラクゼーションスペースもあるので、心ゆくまで贅沢な時間を満喫できる。

3

4

2

1.ランチの一例。オードブル、スープ、メイン、デザートほか。日本人の舌に馴染むジャパニーズフレンチ　2.露天風呂は男女ともに大理石と岩風呂がある（写真は岩風呂）　3.意匠性に富むデザインは大浴場にも　4.食事は5Fレストラン「LE MONT」（ル モン）で　5.シックなデザインの「大理石風呂」。湯はメタケイ酸を多く含み、美肌効果があると言われる

レンブラントプレミアム富士御殿場

☎ 0550-82-9600

●**住**／御殿場市深沢2571　●**営**／10：00〜21：00（最終受付20：00）　●**休**／なし　●**¥**／大人（中学生以上）880円、小人（小学生以下）440円 ※土日祝日は料金が異なる。「温泉&ランチプラン」4400円、「ランチ付きデイユースプラン」6380円 ※各6人〜、前日までの要予約　●**湯**／［露天］男2、女2［内湯］男1、女1［貸切］なし［その他］フィンランド式サウナ、水風呂　●**施**／食事処、売店、エステ、宿泊ほか　●**交**／東名御殿場ICから6分、JR御殿場駅から車12分

♨ 温泉DATA

泉　源	源泉、かけ流し、加温、加水
泉　質	単純温泉
源泉温度	20〜52.1℃
湧出量	毎分37.9〜61.9ℓ
効　能	疲労回復、健康増進、神経痛、筋肉痛、関節痛

5

焼津自慢の天然温泉と名物・マグロ料理を堪能

1

焼津市

やいづ黒潮温泉

湊のやど 汀家《みぎわや》

「下田楼」「焼津ホテル」として栄えた江戸末期創業の老舗旅館が、2009年に全面リニューアル。目の前に焼津港が広がり、潮騒や磯の香りに癒やされるロケーションと、落ち着いた和の佇まいに惹かれ、祝い事などの席としても人気を集めている。そして意外に知られていないが、予約をすれば、追加料金なしで会食プランに貸切風呂をセットすることができる。

隔月で替わる会席コースは、焼津で水揚げされたマグロ、カツオや駿河湾の新鮮な魚介類、志太地区で採れた野菜をふんだんに使用。焼津産のカツオ節の香り高いだしを使った和食が自慢だ。名物は低温でじっくり揚げて秘伝の甘辛ダレを付けた「まぐろカマ唐揚」。蒸して仕上げるためやわらかく、濃い旨みを堪能できる。

庭の植栽を眺めながら入れる露天風呂は1日1組限定の貸切で、「たちばな」「たける」のどちらになるかはその日のお楽しみ。やいづ黒潮温泉は海水の半分の濃度の塩分を含む塩化物泉で、体の芯から温まると好評だ。

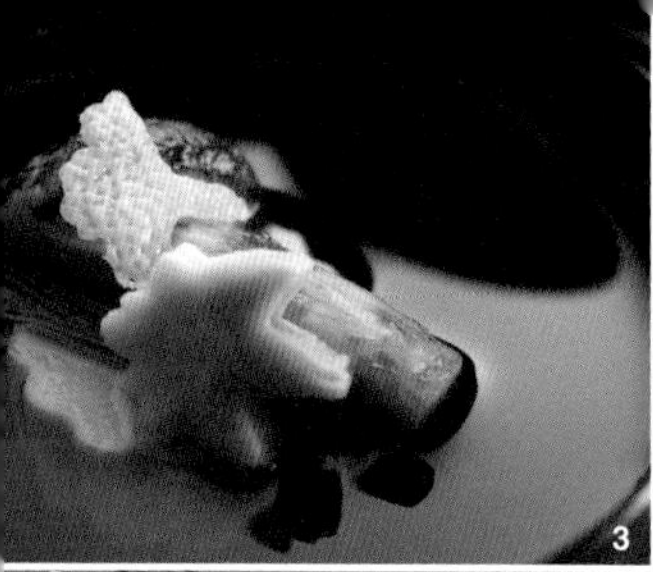

1.和会席コースの一例。中央が「まぐろカマ唐揚」　2.落ち着きのある岩風呂「たちばな」　3.丁寧にとったカツオだしの風味を愛でる「季節のお椀」　4.食事は畳にテーブル席の和ダイニング「八丁櫓」で　5.モダンな印象ながら和の風情が漂う門構え　6.広縁付きの貸切風呂「たける」

湊のやど 汀家

☎ 054-628-3155

●住／焼津市本町1-14-2　●営／昼会食11：30～14：30、夜会食18：00～21：00（要問い合わせ）　●休／なし　●¥／昼会食6600円～、夜会食8800円～ ※日帰り温泉付き、要予約、タオル代別途500円　●湯／［貸切］2　●施／宿泊　●交／東名焼津ICから10分、JR焼津駅南口から徒歩10分

♨ 温泉DATA

泉　　源 ……………… 源泉、循環、加温、加水
泉　　質 ……………… カルシウム・ナトリウム-塩化物泉
源泉温度 ……………… 50.5℃（焼津駅北口源泉）
湧 出 量 ……………… 1日13300ℓ
効　　能 ……………… 神経痛、慢性消化器病、冷え性、慢性皮膚病、慢性婦人病、疲労回復

1

大正ロマンに包まれて 絹のような湯に浸かる

川根本町

寸又峡温泉

翠紅苑《すいこうえん》

南アルプスの麓から湧き出す「美女づくりの湯」で知られる寸又峡温泉を代表する旅館。格式ある、大正ロマンの雰囲気漂うクラシカルな宿で楽しめる日帰り入浴は、６００円（タオル付き）で予約も不要。なんともうれしい手軽さだ。

とはいえ、せっかく寸又峡まで来たのだから、ゆっくりくつろぎたいという人におすすめしたいのが、人気の「松花堂弁当&白珠の湯プラン」（予約制）。山の幸を味わい、絹のようになめらかな肌ざわりの湯に浸かる、贅沢な時間が過ごせる。

ほかにも最大3時間、個室が利用できるプランや、源泉かけ流しの貸切風呂や休憩がセットになったプランもある。

レストランでは「ビーフカレー」や「猪肉入り大間ダムカレー」「寸又峡にぎわいそば」などの単品ランチメニューも味わえる。湯上がり後はエメラルドグリーンの湖上にかかる「夢のつり橋」まで散策するのもいい。新緑や紅葉の絶景シーズンが特におすすめだ。

3

4

5

2

1.奥大井の幸が味わえる「松花堂弁当」2400円（食事のみの場合） **2.**とろりとしたやわらかい湯が肌になじんで、湯上がりはしっとり **3.**開放感のある「内風呂」 **4.**源泉かけ流しの「貸切風呂（家族風呂）」 **5.**温泉街の入り口に位置し、玄関前で水車が回る **6.**休憩室として利用できるロビー

翠紅苑

0547-59-3100

●**住**／榛原郡川根本町千頭279　●**営**／11:30～19:00、食事11:30～13:00LO　●**休**／なし　●**¥**／大人（小学生以上）600円、幼児（小学生未満）400円 ※タオルなしは100円引き。「松花堂弁当&白珠の湯プラン」2500円 ※個室休憩、貸切風呂付きのプランもある　●**湯**／［露天］男1、女1［内湯］男1、女1［貸切］1　●**施**／食事処、休憩所、売店、宿泊　●**交**／新東名新静岡ICから90分、大井川鐵道千頭駅からバス40分

温泉DATA

泉　源	源泉、かけ流し（一部）、循環（一部）、加温
泉　質	単純硫黄泉
源泉温度	42.7℃
湧出量	毎分540ℓ
効　能	神経痛、筋肉痛、関節痛、運動麻痺、慢性皮膚病、疲労回復など

6

のんびり丸一日楽しめる 入浴＋バイキングプラン

浜松市西区
浜名湖かんざんじ温泉

華咲《はなさき》の湯

　県下最大級の天然温泉施設。2つの源泉から引いた26カ所に上る風呂と、食事、買い物、リラクゼーションなど充実した設備が特徴だ。

　大浴場は3つあり、自然石に囲まれた「石景の湯」、四季の移ろいを感じる「桧香(ひのか)の湯」にはそれぞれ露天と内湯がある。「健康」をテーマにした「ダイダラボッチの湯」では炭酸泉やバイブラ湯などバラエティー豊かな8種類の温泉が楽しめる。

　ゆったり湯浴みを堪能した後は、ランチなら100種類以上のメニューを揃える「お食事処 浜八景」へ。名物「幸せのカレーうどん(そば)」のほか丼やご膳も好評だ。ディナーなら「健菜美食ビュッフェるぴなす」を利用しよう。ライブキッチンで調理される豪華な料理と、専属パティシエが手がけるスイーツが好評で、ディナーバイキングと入浴がセットになったお得なプランがおすすめだ。

　丸一日楽しめるアミューズメント性の高さはここならでは。タオル、バスタオル、館内着は無料貸し出しされ、23時まで営業している。

華咲の湯

☎ 053-487-0001

●住／浜松市西区舘山寺町1891　●営／10：00〜23：00（最終入場22：00）※「ダイダラボッチの湯」は11：00〜　●休／不定休　●￥／大人（中学生以上）1420円、子ども（3歳〜小学生）850円 ※土日祝日は料金が異なる。「入浴+ディナーバイキング」大人5500円〜、小学生3300円〜、3歳〜未就学児2750円〜　●湯／［露天］男6、女6［内湯］男3、女3［その他］岩風呂、炭酸風呂、シルク風呂、ジェット風呂、桧湯ほか　●施／食事処、休憩所、売店、宿泊　●交／東名舘山寺スマートICから5分、東名浜松西ICから15分、JR浜松駅からバス50分

温泉DATA

泉源	源泉、かけ流し（一部）、循環、加温、加水
泉質	ナトリウム・カルシウム-塩化物泉
源泉温度	26.8℃
湧出量	毎分約50ℓ
効能	筋肉痛、関節痛、肩こり、腰痛、基礎代謝アップ、血行促進など

1.幻想的な雰囲気を醸し出す「桧香の湯」の露天風呂　**2.**「るびなす」のビュッフェは予約制　**3.**麺類、丼物、アラカルトが揃う食事処「浜八景」は11時から営業　**4.**自然石をふんだんに使った「石景の湯」。「桧香の湯」と「石景の湯」は月ごとに男女が入れ替わる　**5.**開放感のある「桧香の湯」の内風呂　**6.**寝湯や座湯など多彩な風呂を配した「ダイダラボッチの湯」　**7.**庭園内に造られた大浴場「桧香の湯」の露天風呂「白金の湯」

名物ウナギ釜飯を味わう 贅沢温泉プラン

1

浜松市西区
浜名湖かんざんじ温泉

時わすれ開華亭《かいかてい》

「七色の風呂」と地元の旬の味覚で魅了する老舗温泉旅館。落ち着きある佇まいと真心込めたおもてなしで老若男女から支持されている。

日帰り温泉が楽しめるのは本館2階の「開華乃湯(はなのゆ)」。日没のタイミングで湯船に虹が浮かび上がる大浴場「レインボー風呂」をはじめ、庭園造りの露天風呂「星見の湯」、天の川に見立てたイルミネーションを仰ぎ見る「寝風呂」など、バラエティー豊かな7種の湯に癒やされる。

温泉だけの利用もできるが、おすすめは「虹会席」「彩り会席」「お祝い膳」から選べる「昼食+温泉プラン」(4180円〜)。和食会席スタイルで、全プランに名物「ウナギの釜飯」が付く。11時から15時まで滞在できるので、昼食の前後に余裕をもって温泉に浸かれるのもありがたい。

宿泊なら、浜名湖ウナギを味わい尽くす「鰻づくし会席プラン」、個室で夕食が楽しめる「夕食個室プラン」、冬限定「とらふぐプラン」などが好評。浜名湖を一望できる露天風呂付きの特別客室もある。

1.「昼食+温泉プラン」の一番人気「彩り会席」5280円 ※写真はイメージ　2.木々と岩に囲まれた開放感あふれる露天風呂(婦人用)　3.創業は1967年。老舗ならではの奇をてらわない安心感に包まれる　4.目の前で炊き上がる「ウナギの釜飯」　5.内湯。浜名湖かんざんじ温泉は全国有数の塩分濃度の高さで知られる

時わすれ開華亭

☎ 0120-03-0208

●**住**／浜松市西区舘山寺町412　●**営**／11:00～17:00 ※休前日～15:00　●**休**／不定休　●**¥**／大人(中学生以上)1100円、子ども(1歳～小学生以下)650円、「昼食+温泉プラン」4180円～　●**湯**／[露天]男1、女1[内湯]男1、女1[貸切]3(宿泊客専用)[その他]ジェット風呂、打たせ湯、寝湯、水風呂、サウナ　●**施**／食事処、休憩所、売店、宿泊ほか　●**交**／東名舘山寺スマートICから5分、東名浜松西ICから15分、JR浜松駅からバス50分

♨ 温泉DATA

泉　源	源泉、循環、加温、加水
泉　質	ナトリウム・カルシウム-塩化物泉
源泉温度	23.8℃
湧出量	毎分約50ℓ
効　能	神経痛、筋肉痛、関節痛、冷え性、切り傷、やけど、疲労回復など

弓ヶ浜の温泉ホテルで
自慢の海鮮料理に舌鼓

ランチ・ディナー付きで贅沢に

南伊豆町

下賀茂温泉

休暇村南伊豆

南伊豆町・弓ヶ浜にある日帰り入浴とランチを楽しめるホテル。目の前には白砂のビーチが広がり、潮騒と海風に癒やされる湯浴みを満喫できる。ここでは庭園露天風呂や壷湯など趣向の異なる温泉を堪能したい。

レストランのランチは前日19時までの予約制で、1番人気のお得なプランは温泉入浴と「弓ヶ浜定食」がセットになった「渚の温泉パック」。イチオシのランチメニューは、伊豆の山海の幸を使用した「金目鯛炙り茶漬け丼」だ。炙ることで脂の風味を引き立てた下田港水揚げのキンメダイに、天城産ワサビ、伊豆で採れた磯のりなどがトッピングされている。最後は伊豆の「ぐり茶」をかけてお茶漬けで味わって。

1.「金目鯛炙り茶漬け丼」2240円　**2.**風情漂う庭園露天風呂　**3.**源泉かけ流しを贅沢に堪能できるジャグジー付きの壷湯　**4.**お造り、金目鯛煮付け、天ぷら、カニ汁のセット「弓ヶ浜定食」　**5.**松林越しに弓ヶ浜を望む湯上がりラウンジ

☎ 0558-62-0535

●**住**／賀茂郡南伊豆町湊889-1　●**営**／13：00～15：00（最終受付14：30）　●**休**／7～8月の海水浴シーズン※要電話問い合わせ　●**¥**／大人(中学生以上)800円、子ども(4歳以上)400円、[渚の温泉パック(昼食+入浴)]2950円 ※前日までの要予約　●**湯**／[露天]男1、女1 [内湯]男1、女1 [その他]壷湯、足湯　●**施**／食事処、カフェ、休憩所、売店、宿泊　●**交**／東名沼津ICから150分、伊豆急行下田駅からバス25分

温泉DATA

泉　源	源泉、かけ流し(一部)、循環(一部)、加温(一部)、加水(一部)
泉　質	ナトリウム・カルシウム-塩化物泉
源泉温度	100.3℃
湧出量	毎分122ℓ
効　能	神経痛、慢性消化器病、筋肉痛、関節のこわばりなど

とらふぐコース＆天然温泉で贅沢に

淡い琥珀色をしたナトリウム塩化物泉が自慢の温泉施設。日本庭園風の開放感ある露天風呂をはじめ、別府温泉から取り寄せる湯の素を使用した硫黄風呂、低温・高温の2種類のサウナ、井戸水を使用した水風呂など、趣向を凝らした湯が用意されている。近隣にあるグループ施設のゴルフ練習場、デイトレーニングセンターと併せて利用するのもおすすめだ。

食事の名物は、温泉水で独自養殖に成功したとらふぐの料理。茶畑を望む館内レストランで、一年中リーズナブルに高級魚の美味を堪能できる。一番人気は入浴券付きの「とらふぐフルコース」だ。

1.「とらふぐフルコース」は予約制。「ふぐてっさ」などの単品料理は予約不要　2.露天風呂「鶴の湯」　3.圧力マグナムバスなどを配した内湯　4.ご当地グルメや自然薯料理も人気のレストラン

袋井市

袋井温泉

袋井温泉 和《やわらぎ》の湯

0538-23-1500

●**住**／袋井市諸井2022-3　●**営**／10：00～22：00、食事処11：00～13：30LO、17：00～19：30LO　※土日曜11：00～20：30LO　●**休**／なし　●**¥**／大人（中学生以上）1000円、子ども（3歳以上）500円、「温泉入浴+とらふぐフルコース」5400円 ※要予約（5日前まで）
●**湯**／［露天］男2、女2［内湯］男1、女1（1週間ごとに男女入れ替え）［その他］硫黄風呂、ひのき風呂、マグナム風呂、電気風呂ほか　●**施**／食事処、休憩室、マッサージ
●**交**／東名袋井ICから10分、JR袋井駅から車5分

温泉DATA

泉　源	源泉、循環、加温、加水
泉　質	ナトリウム-塩化物泉
源泉温度	26～27℃
湧出量	毎分約62ℓ
効　能	高血圧症、リウマチ、関節痛、神経痛、不眠症、更年期障害、疲労回復、リハビリなど

これぞ！

NEO温泉コラム

進化系 スーパー銭湯

多彩な温泉はもちろん、サウナ、ロウリュウ、岩盤浴も当たり前。
カフェやレストラン、ショップも充実し、趣向を凝らしたくつろぎコーナーも魅力的。
これぞ、イマドキの進化系スーパー銭湯だ。

夜の露天は
イルミネーションが
キレイ！

静岡市駿河区

久能山温泉
大滝温泉

町屋歩きも楽しい温浴リゾート

2020年10月にオープン。敷地内の地下1500mから汲み上げる温泉（許可申請中）と、伊豆天城荘からの運び湯を使った風呂は、男女合わせて18種類。ジェットバス、寝湯など趣向を凝らした湯を巡り、お気に入りを探してみよう。夜は露天風呂のイルミネーションがきらめきリゾート気分を盛り上げる。

東京ドーム2.3個分の広大な敷地は温浴エリアと町屋エリアに分かれ、カフェや雑貨店が軒を連ねる町屋のそぞろ歩きも楽しい。たっぷり遊んで温泉で癒やされて、心も身体もリフレッシュできる。

リバティーリゾート 久能山《くのうざん》

054-204-1310

●住／静岡市駿河区古宿294　●営／8:00～23:00 ※土曜は24:00まで　●休／第2・4火曜　●¥／大人（中学生以上）1時間500円、子ども（3歳以上～小学生）1時間400円 ※3時間、6時間、フリータイムのコースもある。土日祝日は料金が異なる　●湯／［露天］男5、女7［内湯］男3、女3［その他］ジャグジー、寝湯（男）、ドライサウナ、ロウリュウ（男）、岩盤浴（女）　●施／食事処、休憩所、売店、エステ、マッサージ、フードコート、ゲームコーナー、麻雀荘、卓球台、宿泊　●交／東名静岡ICから20分、JR静岡駅南口からバス30～60分（乗り換えによる）徒歩11分

温泉DATA（大滝温泉）

泉　源	源泉、循環、加温、加水
泉　質	アルカリ性単純温泉
源泉温度	40.7℃
湧出量	毎分620ℓ
効　能	神経痛、筋肉痛、慢性消化器病、冷え症、病後回復、疲労回復

tea+

1.女湯露天風呂「西郷の局の湯」（左）「築山殿の湯」　2.開放感のある女湯「下山殿の湯」はジェットバス　3.岩盤浴はユーザーの声を受けて女性専用に　4.休憩はマンガコーナーやリラクゼーションルームで　5.町屋エリアと温浴エリアを真紅の弁天橋がつなぐ　6.カフェや食事処、雑貨店などが並ぶ町屋エリア　7.町屋エリアのオーシャンビューデッキ。テラス席で飲食も可

地域最大級のロウリュウを増設

店舗数日本一の「極楽湯」が運営する、お風呂+カフェの新感覚温浴施設の浜松店が、2020年12月にリニューアルオープン。最大のポイントは昨今のサウナブームに応じた設備の数々。地域最大級のオートロウリュウ、温度の異なる2種類の水風呂、露天風呂のオープンデッキなど、サウナー垂涎の設備がパワーアップした。

「整った」後は、カフェレストランで食事やスイーツを味わい、くつろぎスペースでまったり。コミック&雑誌は1万2000冊以上を揃える。一般的な温泉施設とは一線を画すおしゃれなインテリアも人気の理由だ。

1

2

3

高濃度炭酸泉で
血行促進！

4

1.天然温泉の露天岩風呂 2.オートロウリュウ体験は1時間に2回 3.オープンデッキを増設 4.高濃度炭酸泉の露天など、風呂は全10種類 5.何時間いても飽きることのないビーズソファ〈Yogibo〉を配したくつろぎスペース 6.広々としたカフェレストランはメニューも充実 7.人気メニューの「きのこのデミグラス&チーズソース」1023円

浜松市南区

5

6

7

RAKU SPA Cafe 浜松《らくスパカフェ》

053-445-4919

●住／浜松市南区若林町1680-5 ●営／7:00～翌1:00（最終受付24:00） ●休／なし ●¥／フリータイム 大人（中学生以上）1309円、子ども（4歳～小学生）649円（館内着・タオルセット・岩盤浴付き）※別途コースもある。土日祝日は料金が異なる ●湯／［露天］男1、女1［内湯］男1、女1［その他］岩風呂、炭酸風呂、ジェット風呂、変わり湯、腰湯、スチーム遠赤サウナ、ロウリュウ、岩盤浴ほか ●施／食事処、休憩所 ●交／東名浜松西ICから25分、JR高塚駅から車5分

温泉DATA

泉源	源泉、かけ流し、循環、加温、加水
泉質	アルカリ性単純温泉
源泉温度	28℃
湧出量	毎分約85ℓ
効能	神経痛、筋肉痛、運動麻痺、打ち身、くじき、慢性消化器病、痔疾、冷え性、疲労回復など

日帰り 0泊 温泉

体感あるのみ！ 個性派風呂

御殿場市

御殿場高原時之栖温泉

源泉 茶目湯殿《ちゃめゆどの》

1.絶好の富士山スポット「天空の湯」のテラスデッキ　2.大浴場の炭酸泉露天風呂。これを目当てに訪れる常連も多い　3.富士山を独り占めできる、開放感漂う「天空の湯」

富士山と温泉と サウナで整う

3

19歳以上から利用できる大人のための日帰り温泉施設。雄大な富士山を眺めながら、静かにのんびり湯に浸かる至福の時間を堪能できる。

まずは純和風の空間にミュシャの陶板画が飾られた大浴場の内湯から。続いて、その先にある人気の高い炭酸泉の露天風呂を堪能したら、最後は開放感たっぷりのもう一つの湯殿「天空の湯」へ。特大の富士山を望む露天風呂が体も心も癒やしてくれる。

休憩は囲炉裏のある「菜根譚（さいこんたん）」のほか、大浴場前の寝心地のいいソファーが並ぶ仮眠コーナーへ。築２００年の豪商の町家を移築した「旬膳処 茶目」でランチやディナーを楽しむのもいい。

さて、風呂もいいが、ここへ来たならサウナも欠かせない。２０２０年5月にオープンした「展望フィンランド風サウナ」だ。ロウリュウと薪ストーブを組み合わせたスタイルで、外のテラスには富士山の伏流水の水風呂と、チェアがあり、富士の雄姿を拝みながら「整う」贅沢な体験ができる。

4

4.純和風で落ち着ける大浴場内湯　5.展望フィンランド風サウナ。水着を着てサウナウェアを羽織って利用する　6.富士山の絶景と伏流水の水風呂を体感できるとサウナーに大人気　7.休憩室「菜根譚」の2階は仮眠スペース　8.「湯殿カフェ」では「湯殿ブレンド」500円を

7

5

8

6

「旬膳処 茶目」の人気メニュー、旬の6品が盛り込まれた「旬菜膳」3000円 ※ビールは別注

源泉 茶目湯殿

☎ 0550-87-6426

●**住**／御殿場市神山719　●**営**／「1日券」10:00～21:00(最終入館20:00)、「夜間券」18:00～　●**休**／なし　●**¥**／「1日券」1650円 ※「夜間券」1320円。土日祝日は料金が異なる　●**湯**／[露天]男4、女4[内湯]男1、女1[その他]薬草風呂、展望フィンランド風サウナ、ロウリュウ、ミストサウナ　●**施**／食事処、カフェ、休憩所、売店、マッサージ　●**交**／東名御殿場ICから25分、裾野ICから10分、JR三島駅からシャトルバス50分

♨ 温泉DATA

泉源	源泉、循環、加温
泉質	アルカリ性単純泉
源泉温度	34.1℃
湧出量	不明
効能	神経痛、筋肉痛、五十肩、慢性消化器病、疲労回復、健康増進など

ちょっと寄り道

～ Chotto Yorimichi ～

水かけ菜や本ワサビ×ウナギ！

秘伝のタレを守り続けるウナギ店。蒲焼き、白焼きはもちろん、せいろ蒸し、押し寿司、ひつまぶしなど多彩な料理が味わえる。「水かけ菜うなぎ丼」や、ワサビで味わう「白焼き丼」など、御殿場ならではの食材を組み合わせたメニューも好評だ。

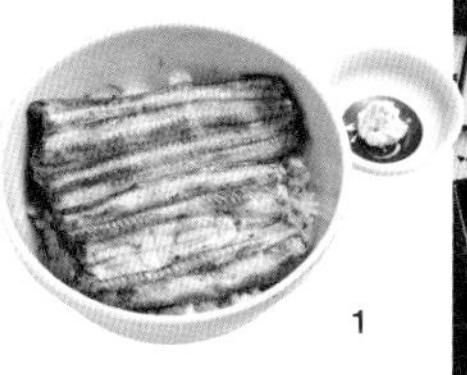

1

2

1.本ワサビが添えられた「白焼き丼」3828円　**2.**水かけ菜と蒲焼きを味わえる「御殿場二段重」4048円

鰻百撰 ひろ田《ひろた》

☎ 0550-87-0930

●**住**／御殿場市大坂317　●**営**／11:30～15:00(14:00LO)、17:00～21:00(20:00LO)　●**休**／月曜　●**駐**／あり

生ハム好き必見！猪や鹿の加工品も

市外や県外にも多くのファンがいる手作りハム・ソーセージの店。人気の熟成生ハム「ふじやまプロシュート」やワインにピッタリの「コッパ」など生ハムの種類が豊富。ベーコン、サラミ、スモークなども合わせれば40～50種類が揃う。

1

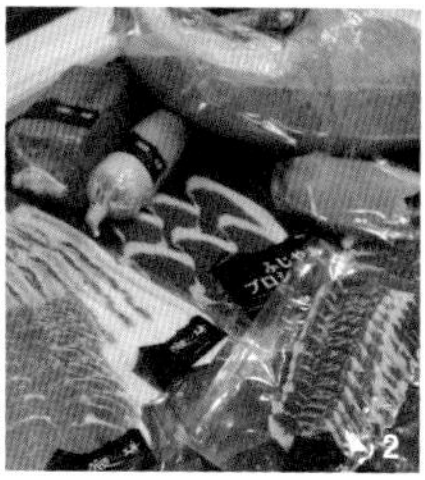

2

1.精肉店の一角にハム工房がある　**2.**1年半以上かけて熟成させた「ふじやまプロシュート」864円ほか

渡辺ハム工房

☎ 0550-82-0234

●**住**／御殿場市川島田661　●**営**／9:00～18:00　●**休**／日曜　●**駐**／あり

南伊豆町

下賀茂温泉

花のおもてなし 南楽《なんらく》

伊豆半島最南端の町、南伊豆。豊かな自然や海に誘われて、都会からこの地に移り住む人も少なくない。下賀茂温泉は、その昔トンビが青野川の川原で傷を癒やしていたのが始まりとされ、室町時代から湯治場として栄えた。今も青野川沿いにホテルや民宿が点在する。南楽もそのひとつで、2020年6月、ホテルの機能性を高めた宿に生まれ変わった。

館内に13ある風呂はすべて源泉かけ流し。岩風呂あり、野趣豊かな露天風呂あり、信楽焼の瓶風呂ありと、多彩な風呂が揃う。7つある貸切風呂は、ネットで予約すれば日帰りでの利用が可能だ。メインは大浴場の「宮の湯」と「甚兵衛の湯」。大きな開口部から緑を眺める「甚兵衛の湯」の外に出れば、その奥に自然石の露天風呂、檜の露天風呂、6つの瓶の露天風呂を備える。それぞれ異なる趣で入り比べも楽しそう。

日帰り温泉の利用時間は16~20時だが、宿泊客の夕食時間帯は風呂が空いているので狙い目だ。

1.竹林がリラクゼーション効果抜群の檜の露天風呂　**2.**野趣あふれる「宮の湯」の露天風呂　**3.**貸し切り風呂は鍵がかかっていなければ入れる。いずれも内湯と露天風呂が楽しめる　**4.**民芸風の入り口からフロントまでが迷路のよう　**5.**庭や廊下など、館内の至るところに信楽焼の大瓶が飾られ、浴槽としても使われている

1

2カ所ある源泉から惜しみなく
かけ流す13の風呂

5

花のおもてなし 南楽

📞 0558-62-0171

●住／賀茂郡南伊豆町下賀茂130-1 ●営／16:00〜20:00 ●休／なし（繁忙期は休みあり） ●¥／大人（中学生以上）1800円、子ども（小学生以下）900円（温泉＋「ゆり茶屋」での休憩＋ソフトドリンク無料） ●湯／［露天］4 ［内湯］2 ※15:00〜翌10:00男女入れ替え制 ［家族風呂］7 ●施／休憩所、売店、宿泊 ●交／東名沼津ICから135分、伊豆急行下田駅から車12分

温泉DATA

泉源	源泉、かけ流し
泉質	ナトリウム-塩化物温泉
源泉温度	71.4℃
湧出量	毎分182.4ℓ
効能	疲労回復、胃腸病、皮膚病など

2

4

3

ちょっと寄り道

〜 Chotto Yorimichi 〜

ボリュームもコスパも100点満点

南伊豆で水揚げされたサザエ、イセエビ、アワビなどの海産物を卸問屋ならではの質と納得の価格で購入できる。食堂の名物、特大「下田S級サザエ」を使った料理や「伊勢海老ラーメン」などちょっと贅沢な海の幸を豪快に堪能しよう。

「S級サザエ定食」2530円。サザエはバター焼きか刺身か選べる

青木さざえ店

📞 0558-62-0333

●住／賀茂郡南伊豆町湊894-53 ●営／8:30〜18:00 ※土・日曜〜18:30 ●休／なし ●駐／あり

鮮度抜群の高級魚介が勢揃い

南伊豆の特産品である身詰まりのいい甘みたっぷりの活イセエビが手に入る直売所。ほかにも活アワビや、刺身・壺焼き用の活サザエなど、鮮度抜群の魚介がずらり。地元で採れたひじき、ふのり、天草や近海の干物が並ぶ土産コーナーも併設。

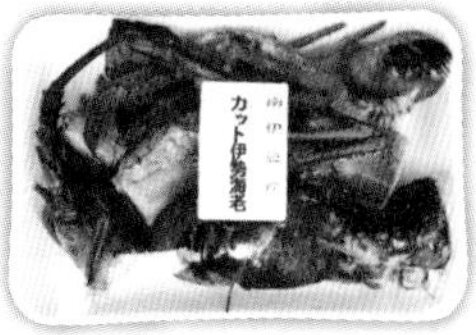

「カット伊勢海老」250g 1500円。「活伊勢海老」もある（時価）

伊豆漁協 南伊豆支所直売所

📞 0558-62-2804

●住／賀茂郡南伊豆町手石877-18 ●営／9:00〜16:30 ●休／なし ●駐／あり

掛川市

倉真赤石温泉

倉真赤石《くらみあかいし》温泉

案内看板を頼りに車一台がやっと通れるほどの細い山道を抜けると、ポツンと立つ「小屋」に行き当たる。ここが温泉マニアから「東海有数の泉質」と賞される日帰り温泉施設だ。

まず誕生秘話が面白い。40年ほど前、運営する持田勲さんが山の整備をしていたところ、数百年前のものとみられる観音像を発見した。するとある夜、夢の中にこの観音様が現れ、「私のいた場所を掘削してみよ」とのお告げを受けたそうだ。

浴槽ひとつと休憩所というシンプルな造りだが、泉質は全国的にも珍しい天然の硫黄炭酸泉。独特の硫黄の香り、体を包む微細な気泡、漂う湯の花、眼下に広がる里山の原風景を楽しみながら、源泉をそのまま利用した「純温泉」の価値を体感できる。

炭酸が飛んでしまわないよう冬場でもぬるめの温度だが、じっくり浸かれば体の芯までポッカポカ。ただし、強いアルカリ性により肌を傷める恐れがあるため、入浴は30〜40分を目安にしよう。ボディソープやシャンプーは使用不可となっている。

1.こぢんまりした浴槽と自然があるのみ! 温泉に集中できる　2.入浴後のひとときはアットホームな雰囲気の休憩所で　3.源泉でゆでたしっとり食感の名物「温泉ゆでたまご」150円(要予約)　4.味わい深い佇まいも魅力の一つ　5.施設前に祀られている観音様への参拝もお忘れなく

5

倉真赤石温泉

📞 0537-28-1126

●**住**／掛川市倉真赤石5984-1　●**営**／11：00～17：00 ※季節によって異なる　●**休**／なし（不定休あり） ※1時間毎の予約制　●**¥**／大人（中学生以上）1100円、子ども（小学生）550円、小学生未満無料　●**湯**／［内湯］男1、女1　●**施**／休憩所　●**交**／東名掛川ICから30分、新東名森掛川ICから25分、JR掛川駅から車25分

温泉DATA

泉　源	源泉、かけ流し、加温
泉　質	アルカリ性単純硫黄冷鉱泉
源泉温度	18.2℃
湧出量	毎分約5.8ℓ
効　能	神経痛、筋肉痛、関節痛、五十肩、慢性消化器病、痔疾、糖尿病、冷え性など

2

4

3

ちょっと寄り道

～ Chotto Yorimichi ～

県内有数の人気を誇る道の駅

県内の数ある道の駅の中で常に人気は上位。年間200種類にも及ぶ畑直送の採れたて農産物や加工品が大人気だ。深蒸し茶やクラウンメロンといった特産品も好評で、開店前から行列ができることも。無料休憩所、レストランも併設している。

毎朝300人を超える生産者らが搬入する「地場野菜」時価

道の駅 掛川

📞 0537-27-2600

●**住**／掛川市八坂882-1　●**営**／9：00～17：00 ※レストラン8：00～20：00　●**休**／第2月曜　●**駐**／あり

歯応えの先にある香りと味わい

こだわりの二八蕎麦は、喉越しよりも歯応えを重視。噛めば噛むほど香りと味が引き立つように仕上げている。合わせるのは濃い目のかえしを使ったつゆだ。花巻きや釜上げなど15種類以上のメニューを揃える手打ちうどんも密かに人気。

蕎麦と野菜が奏でるハーモニーが美味！「野菜おろし」1050円

蕎麦招人 仟 そばしょうにん せん

📞 0537-21-7660

●**住**／掛川市水垂909-1　●**営**／11：00～14：00、17：30～20：00　●**休**／月曜、第2日曜（祝日営業、翌日休み）　●**駐**／あり

健康プログラムのある温泉活用「クアハウス」

下田市
蓮台寺温泉

クアハウス石橋旅館

☎ 0558-22-2222

●住／下田市蓮台寺185-1　●営／10:00～21:00　●休／なし　●¥／大人1100円、子ども550円 ※土日祝日、夏期、年末年始は料金が異なる。食事付きプランもある　●湯／[露天]男1、女1[内湯]男2、女2[その他]ジャグジー、打たせ湯、寝湯　●施／休憩所、トレーニングルーム、宿泊ほか　●交／東名沼津ICから90分、伊豆急行蓮台寺駅から徒歩10分

約１３００年前に行基上人が発見したといわれる名湯・蓮台寺温泉。その中心街にあるのが「クアハウス」の宿として知られる、創業１３０年の「石橋旅館」だ。クアハウスとは、温泉の効果を活用した多目的温泉保養館のことで、科学的に心身の健康を目指すというもの。広さ約７５０㎡のハウス内には打たせ湯や寝湯、気泡浴、箱蒸し噴出浴など10種類の浴槽があり、「疲労回復」、「美容」、「腰痛肩こり」、「肥満解消」などを目的としたプログラムが用意されている。

源泉かけ流しの湯は無色透明の弱アルカリ性単純温泉。まろやかで肌にやさしいので飲泉にもおすすめ。

1.トレーニングルームや健康遊歩道の利用も可　2.「食事付きプラン」(6600円～)は2人からの要予約 ※写真はイメージ　3.豪壮な唐破風造りの玄関　4.日本温泉協会天然温泉認定露天風呂の「石の華」　5.客室昼食または夕食付きのプランもある

温泉DATA

泉源	源泉、かけ流し
泉質	弱アルカリ性単純温泉
源泉温度	50.3℃
湧出量	毎分160ℓ
効能	神経痛、冷え性、疲労回復、健康増進など

文化財の宿の風情残し 日帰り温泉にリニューアル

松崎町

大沢温泉

大沢温泉 依田之庄《よだのしょう》

📞 0558-36-3020

●住／賀茂郡松崎町大沢153　●営／10:00～20:00（最終受付19:30）　●休／第2・4木曜 ※祝日、7～8月は変更あり　●¥／大人700円、小学生300円　●湯／［露天］1［内湯］3 ※週替わりで男女入れ替え　●施／休憩室　●交／東名沼津ICから120分、伊豆急行蓮台寺駅からバス40分

松崎町の温泉宿として多くの人に愛され、惜しまれながら閉館した「大沢温泉ホテル」が、２０２０年12月、町営の日帰り温泉施設「大沢温泉依田之庄」として生まれ変わり、再び賑わいを見せている。

文化財の宿ならではの風情はそのままに、浴室はその一部を残しリニューアル。内湯のみの「庄屋の湯」と、かつての岩風呂をそのまま利用した露天風呂付き「橘の湯」の二つの湯処があり、週ごとに男女が入れ替わる。昔から「化粧の湯」として知られている湯を存分に楽しもう。かつての宿泊部屋「絹屋」を休憩室として利用できるのもうれしい。なまこ壁の残る母屋の見学もおすすめだ。

1.高い天井や植栽が魅力的な「庄屋の湯」　2.かつて使われていた露天岩風呂がそのまま残る　3.「橘の湯」の内湯　4.往年の風情が漂う休憩室

温泉DATA

泉　源	源泉、かけ流し、加温
泉　質	弱アルカリ性単純泉
源泉温度	41.2℃
湧出量	毎分180.8ℓ
効　能	リウマチ、腰痛、神経痛、冷え性、ストレスによる諸症状など

深さ130cmの立湯で浮遊感　韓国式着衣サウナも

静岡市葵区
東静岡温泉

東静岡 天然温泉 柚木の郷《ゆのきのさと》

📞 054-261-1101

●住／静岡市葵区東静岡1-1-57　●営／10:00〜24:00 ※土日祝日9:00〜24:00　●休／なし　●¥／大人(中学生以上)935円、子ども(小学生以下)440円、3歳以下無料　※土日祝日は料金が異なる。「薬石健美房」大人1100円　●湯／［露天］男5、女5［内湯］男3、女3［その他］ミストサウナ、ドライサウナ、岩盤浴　●施／食事処、カフェ、休憩所、売店、エステほか　●交／東名静岡IC・清水IC、新東名新静岡ICから15分、JR東静岡駅北口から徒歩1分

温泉DATA

泉源	源泉、循環(一部)、加温、加水
泉質	含鉄(Ⅱ)-カルシウム・ナトリウム-塩化物温泉
源泉温度	32.6℃
湧出量	毎分160ℓ
効能	貧血、月経困難症、更年期障害、切り傷、冷え性、皮膚乾燥症など

仕事帰りに気軽に立ち寄れる駅近のロケーション。女性特有の疾患に良いとされることから「婦人の湯」と言われる含鉄泉が、露天の岩風呂、立湯、寝湯の湯船に注がれている。なかでも深さ130cmの浴槽で源泉をろ過せずに使う立湯は、水圧によるマッサージ効果を得られ、独特の浮遊感が好評だ。

体が温まったら、韓国式着衣サウナ・チムジルバンを楽しめる「薬石健美房」へ。ロウリュウもある85度の「汗蒸幕」をはじめ、50〜60度の「薬石熱香炉」、薬草の香りでリラックスできる「漢香房」、10℃以下の「冷爽房」など温度の異なる6つの部屋があり、時間無制限でくつろげる。

1.露天の「岩風呂」　2.熱した煉瓦と溶岩石から遠赤外線が放出される「薬石熱香炉」　3.人気メニュー「くつろぎ御膳（中華）」1500円　4.鉄分が空気に触れて酸化し、褐色の湯になる「源泉立湯」　5.4000冊が揃う「温泉図書館」

新感覚！温泉で
プロジェクションマッピング

２０１９年にリニューアルし、天然温泉ならではの効能とくつろぎにエンターテインメント性が加わって生まれ変わった。目玉は東海エリア初となる内風呂のプロジェクションマッピング（19〜23時上映）。映像と音を融合させた幻想的な演出に、「奥浜名湖の一日」「夢の宇宙旅行」といったストーリーが盛り込まれ、温泉に浸かりながら大迫力の映像を鑑賞しているような非日常を堪能できる。

露天風呂には、マッサージ効果が期待できる回遊風呂や寝湯を設置。週変わりのイベント風呂も注目だ。奥浜名湖の人気リゾートで新感覚の温泉スタイルを体感しよう。

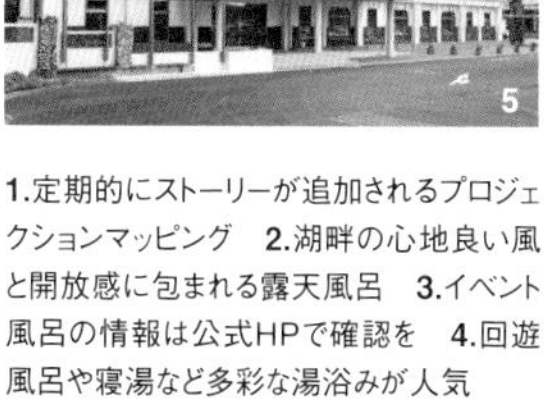

1.定期的にストーリーが追加されるプロジェクションマッピング　**2.**湖畔の心地良い風と開放感に包まれる露天風呂　**3.**イベント風呂の情報は公式HPで確認を　**4.**回遊風呂や寝湯など多彩な湯浴みが人気　**5.**会員以外の宿泊、日帰り入浴もOK

浜松市北区
三ヶ日温泉

浜名湖レークサイドプラザ
三ヶ日温泉 万葉の華《まんようのはな》

053-524-1311

●**住**／浜松市北区三ヶ日町下尾奈200　●**営**／6：00〜9：00（最終受付8：30）※土日祝日6：00〜10：00（最終受付9：30）、12：00〜24：00（最終受付23：30）　●**休**／なし　●**¥**／大人（中学生以上）1650円、子ども（4歳〜小学6年生）825円、0歳〜3歳無料、「日帰り湯ったりプラン」（ランチ+天然温泉+バスタオル）3300円 ※部屋休憩付きプランもある　●**湯**／［露天］男1、女1［内湯］男1、女1［その他］回遊風呂、電気風呂、寝湯、水風呂、ドライサウナ　●**施**／食事処、休憩所、売店、宿泊ほか　●**交**／東名三ヶ日ICから10分、天竜浜名湖鉄道奥浜名湖駅から徒歩5分

温泉DATA

泉源	源泉、循環、加温、加水
泉質	アルカリ性単純温泉
源泉温度	25.5℃
湧出量	毎分81ℓ
効能	神経痛、筋肉痛、関節痛、五十肩、運動麻痺、慢性消化器病、痔疾、冷え性、疲労回復など

NEO温泉コラム

開湯250余年。風情ある湯治宿へ

自然豊かな田舎の雰囲気と、自噴かけ流しの源泉を堪能できる湯治宿。
日帰り利用もいいけれど、自炊しながらの長期滞在でじっくり身体を整えるのもおすすめだ。

湯上がり後の肌は しっとりすべすべに!

1.池代川のほとりに立つ　2.渓流を見下ろせる築80年以上の休憩室には小さな売店もある　3.露天風呂の湯船の底には伊豆石が敷き詰められている

松崎町

大沢温泉

自然に囲まれた野趣あふれる秘湯

松崎町の山間にひっそりと立つひなびた風情の湯治宿。250年以上の歴史を持つ大沢温泉の湯は「化粧の湯」「美人の湯」として知られ、川のせせらぎや小鳥のさえずりを聞きながらくつろげる秘湯だ。

シダやコケの生い茂る天然の岩盤を利用した野趣あふれる露天風呂は浴槽の底から、時折ポコポコと音を立てて源泉が湧き出す。かけ流しの湯は、無色透明でサラサラと肌になじむ。日帰り入浴も可能だが、自炊しながら宿泊し湯治気分を味わうのもおすすめだ。キッチン、トイレ付きの「菊の間」のほか、洗面、トイレ、キッチンが共同利用となるタイプなど、4つの部屋が用意されている。

大澤温泉 野天風呂 山の家

0558-43-0217

●住／賀茂郡松崎町大澤川之本445-4　●営／8:00～21:00 ※9～翌4月は9:00～　●休／第4月曜（祝日営業、翌月曜休み）　●¥／大人(中学生以上)600円、小学生300円　●湯／[露天]男1、女1　[貸切]1　●施／休憩所、売店、宿泊　●交／東名沼津ICから120分、伊豆急行下田駅からバス38分徒歩12分

温泉DATA

泉　源	源泉、かけ流し
泉　質	カルシウム・ナトリウム-硫酸塩泉
源泉温度	43℃
湧出量	毎分230ℓ
効　能	高血圧、神経痛、胃腸病、皮膚病、リウマチなど

4.貸切風呂も追加料金なしで利用できる　5.キッチン、トイレ付きの宿泊施設「菊の間」。1泊大人5300円、小人3600円 ※冬季暖房代100円／1部屋　6.宿泊施設「湯治処」

まだまだあります。

0泊お湯自慢45泉

熱海市
熱海温泉

日航亭・大湯《おおゆ》

1.広々とした露天風呂は開放感たっぷり　**2.**石のアーチが目印の外観もどこか懐かしい

昭和の風情漂う旅館でほっこり

源泉は徳川家康が愛したという「大湯」。昭和のレトロな雰囲気が魅力の旅館で、現在は日帰り入浴のみの営業。敷地内に2本の源泉を持ち、泉質は美肌効果があるといわれるメタケイ酸を豊富に含んでいる。

0557-83-6021

●**住**／熱海市上宿町5-26　●**営**／9:00〜20:00（最終受付19:00）　●**休**／火曜（祝日営業、翌日休み）　●**¥**／大人（中学生以上）1000円、子ども（1歳〜）500円 ※おむつ不可　●**湯**／［露天］男1、女1［内湯］男1、女1　●**施**／休憩所　●**交**／東名沼津ICから60分、JR熱海駅から徒歩12分

温泉DATA

泉源	源泉、かけ流し
泉質	ナトリウム・カルシウム-塩化物温泉
源泉温度	98.2℃
湧出量	毎分50ℓ
効能	神経痛、筋肉痛、五十肩、打ち身、くじき、冷え性

熱海市
湯河原温泉

ニューウェルシティ湯河原 いずみの湯

1.地域で最大規模を誇る露天風呂　2.源泉かけ流しの「石風呂」

湯上がりは仮眠室でくつろいで

古くから「薬師の湯」と呼ばれる効能豊かな湯河原温泉にきめ細やかなナノ水をプラス。浸透作用の高い湯に調整し、温浴効果を促進しているという。仮眠室があり、翌朝9時まで滞在できるのも魅力。

0465-63-3721

●住／熱海市泉107　●営／11:00〜翌9:00　●休／なし　●¥／1100円　●湯／[露天]男3、女3[内湯]男2、女2[その他]ドライサウナ　●施／食事処、休憩所、売店、エステ、宿泊　●交／東名沼津ICから50分、JR湯河原駅からシャトルバス6分

温泉DATA

泉源	源泉、かけ流し(一部)、循環
泉質	ナトリウム・カルシウム-塩化物・硫酸塩温泉
源泉温度	60.5℃
湧出量	不明
効能	神経痛、筋肉痛、慢性消化器病、痔疾、疲労回復など

熱海市
熱海温泉

熱海温泉 湯宿《ゆやど》一番地

1.贅沢気分が味わえる貸切露天風呂　2.露天風呂「芭蕉の湯」

趣の異なる貸切露天風呂

自家源泉を2本所有する源泉かけ流しの老舗旅館。趣の異なる露天風呂が自慢の大浴場「芭蕉の湯」「紅葉の湯」のほか、専用の湯上がり処を備えた2つの貸切露天風呂の人気が高い。事前予約がおすすめ。

0557-81-3651

●住／熱海市春日町1-2　●営／13:00〜18:00(最終受付17:00)　●休／不定休　●¥／大人(中学生以上)1400円、小学生600円　●湯／[露天]男1、女1[内湯]男1、女1[貸切]2　●施／休憩所、売店、マッサージチェア、宿泊　●交／新東名長泉沼津ICから40分、JR熱海駅から徒歩3分

温泉DATA

泉源	源泉、かけ流し、加水
泉質	ナトリウム・カルシウム-アルカリ性単純温泉
源泉温度	74℃
湧出量	毎分72ℓ
効能	神経痛、筋肉痛、関節痛、リウマチ、婦人病など

伊東市 伊東温泉 ＞ ハトヤ大漁苑

1.一見の価値がある名物「お魚風呂」 **2.**全天候型の温水室内プール「古代ビーチ」

魚と泳ぐ!?名物「海底温泉」

「ホテルサンハトヤ」に隣接する立ち寄り湯。海底温泉「お魚風呂」は大水槽に季節替わりで30～40種の魚やウミガメが泳ぎ、迫力満点! 室内プール「古代ビーチ」、屋外プール（夏のみ）もあり、家族で満喫できる。

☎ 0557-38-4126

●**住**／伊東市湯川572-12 ●**営**／8:30～18:00 ●**休**／不定休 ●**¥**／2000円、「お魚風呂とプールのセットプラン」3500円 ●**湯**／[露天]男1、女1[内湯]男1、女1[その他]ドライサウナ、室内プール&屋外プール（別途料金必要） ●**施**／食事処、売店、宿泊 ●**交**／東名沼津ICから80分、JR伊東駅から徒歩6分

♨ 温泉DATA

泉　源	源泉、循環、加温、加水
泉　質	アルカリ性単純温泉
源泉温度	33.6℃
湧出量	毎分249ℓ
効　能	急性疾患、活動性結核、悪性腫瘍、心臓病、呼吸不全、腎不全など

伊東市 伊東温泉 ＞ ホテルラヴィエ川良《かわりょう》

1.内湯「湯原郷」 **2.**季節で内容が替わる夕食和洋中バイキング

バイキング付き夕食プランが人気

8本の源泉を持ち、豊富な湯量を誇る。露天、打たせ湯、寝湯など多彩な浴槽が揃う大浴場はもちろん、温泉プール（宿泊客専用）にも使用。人気の夕食付きプランでは約60種類の和洋中バイキングが楽しめる。

☎ 0557-37-8181

●**住**／伊東市竹の内1-1-3 ●**営**／14:00～19:00（完全退館） ●**休**／不定休（事前確認を） ●**¥**／1100円 ※フェイスタオル50円、バスタオル300円、「夕食バイキング付きプラン」3850円 ●**湯**／[露天]男1、女1[内湯]男1、女1[貸切]1（宿泊客のみ）[その他]打たせ湯、寝湯、ドライサウナ ●**施**／売店、宿泊 ●**交**／東名沼津ICから90分、JR伊東駅から徒歩7分

♨ 温泉DATA

泉　源	源泉、半かけ流し、循環、加温
泉　質	単純温泉
源泉温度	51.2℃
湧出量	毎分620ℓ
効　能	筋肉痛、関節痛、冷え性、胃腸機能、自律神経不安定症、疲労回復など

東伊豆町
大川温泉

磯の湯

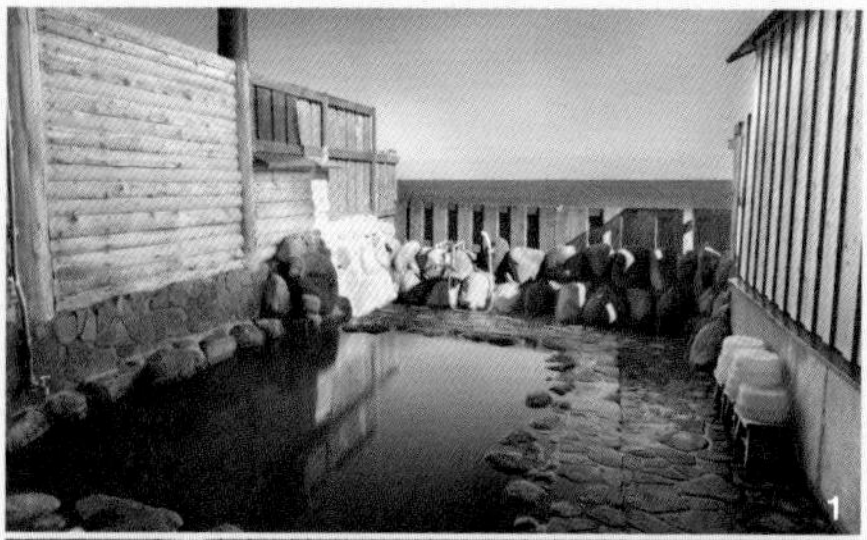

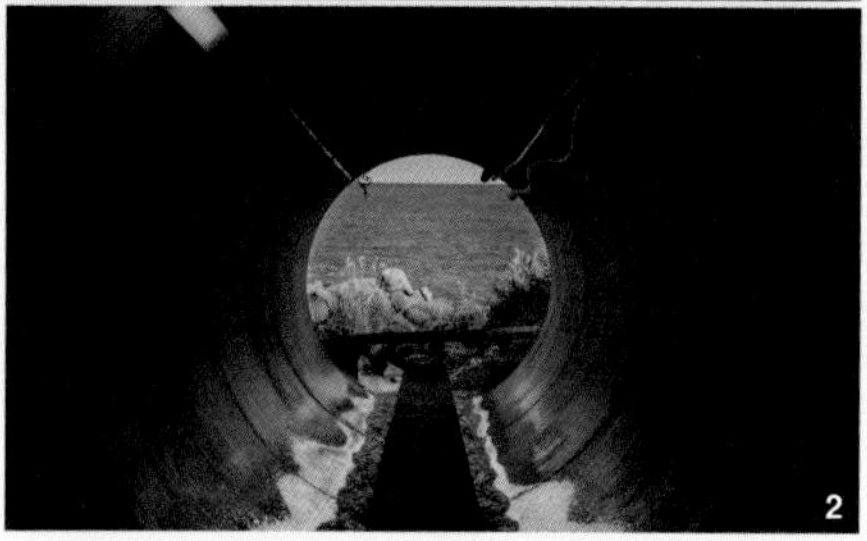

1.気取りのない素朴な雰囲気　2.磯の湯への通り道になっているトンネル水路を歩くとその先に海が見える

トンネルの先に相模湾一望の湯

大川漁港の隣にある、相模湾を一望する波打ち際の露天風呂。伊豆では珍しい濁り湯で、波音をBGMにリラックスできる。道路の下を通るトンネル水路をくぐりたどり着くその道程もユニーク。営業時は赤ライトが点灯している。

0557-22-0248

●住／賀茂郡東伊豆町大川　●営／11:00～18:00 ※8月は12:00～19:00　●休／火曜、荒天時　●¥／500円（小学生以上）　●湯／［露天］男1、女1　●施／特になし　●交／東名沼津ICから90分、伊豆急行大川駅から徒歩10分

温泉DATA

泉　源	源泉、かけ流し、加水
泉　質	ナトリウム・カルシウム-塩化物・硫酸塩泉
源泉温度	71℃
湧出量	毎分120ℓ
効　能	神経痛、筋肉痛、自律神経不安定症、切り傷、冷え性、乾燥肌

伊東市
伊豆高原温泉

立ち寄り温泉
伊豆高原の湯

1.森林浴と温泉浴が楽しめる露天風呂　2.泥パックをして湯に浸かる「王冠の湯」（泥湯）

露天風呂で名物「泥パック」に挑戦

木立ちの中に男女それぞれ4種類の露天風呂が点在する。天然岩石風呂や壺湯などに加え、見逃せないのは露天風呂に浸かりながらの名物泥パック。肌がつるつるになると評判だ。

0557-54-5200

●住／伊東市八幡野1180　●営／10:00～24:00（最終受付23:00）　●休／第1・3木曜（繁忙期は営業）　●¥／大人1000円、小人（4歳～小学生）500円、「手ぶらセット（入館料+タオル+レンタルバスタオル）」1330円 ※HPクーポンで1100円　●湯／［露天］男4、女4［内湯］男2、女2［その他］ジャグジー、ドライサウナ、泥湯　●施／食事処、休憩所、売店、エステ、マッサージ、漫画室　●交／東名沼津ICから80分、伊豆急行伊豆高原駅から徒歩10分

温泉DATA

泉　源	源泉、かけ流し（一部）、循環、加温
泉　質	アルカリ性単純温泉
源泉温度	42.5℃
湧出量	毎分150ℓ
効　能	神経痛、関節痛、筋肉痛、五十肩、運動麻痺

河津町
峰温泉

踊り子温泉会館

1.露天風呂に入りながら河津桜を満喫　2.幻想的にライトアップされた川沿いの河津桜

河津桜が美しい町営の湯

850本の河津桜が植えられている河津川のほとりにある町営温泉。せせらぎを聞きながら東屋風の露天風呂や泡風呂でリラックスしよう。河津桜は敷地内にも咲き誇り、まさに花見気分。ライトアップされる夜桜も魅力的だ。

☎ 0558-32-2626

●**住**／賀茂郡河津町峰457-1　●**営**／10:00～21:00（最終受付20:30）　●**休**／火曜　●**¥**／大人（中学生以上）1000円、小人（3歳～小学生）500円（滞在3時間、延長は1時間ごとに大人200円、小人100円）　●**湯**／[露天] 男1、女1［内湯］男2、女2［その他］泡風呂　●**施**／休憩所　●**交**／東名沼津ICから80分、伊豆急行河津駅からバス10分

温泉DATA

泉　源	源泉、循環、加水
泉　質	ナトリウム-塩化物温泉
源泉温度	65.2℃
湧 出 量	毎分588ℓ
効　能	疲労回復、五十肩、冷え性、健康増進、関節痛、筋肉痛

東伊豆町
熱川温泉

ホテルカターラ リゾート&スパ

1.広々とした露天風呂が魅力の「月明りの湯」　2.トロピカルなムードあふれるジャングルスパ[PAU」

ファミリーに人気のジャングルスパ

潮騒が心地良い露天のある「月あかりの湯」と、広々とした浴槽が自慢の「MANA」、2つの浴場がある。熱帯植物と9つの風呂が魅力の「ジャングルスパ」（水着着用）も好評。ディナーバイキングと合わせて楽しむのもいい。

☎ 0557-23-2222

●**住**／賀茂郡東伊豆町奈良本992-1　●**営**／15:00～18:00　●**休**／なし ※宿泊客が多い場合、利用できないことも　●**¥**／大人（中学生以上）1650円、子ども（3歳～小学生）825円 ※「ジャングルスパ&プールセット」、「和洋中ディナーバイキングプラン」（要予約）もある　●**湯**／［露天］男1、女4［内湯］男2、女1［その他］壺湯ほか　●**施**／食事処、売店、エステ、宿泊ほか　●**交**／東名沼津ICから95分、伊豆急行熱川駅からシャトルバスあり（13:00～16:30随時運行）

温泉DATA

泉　源	源泉、かけ流し、加水
泉　質	ナトリウム-塩化物・硫酸塩温泉
源泉温度	105℃
湧 出 量	不明
効　能	神経痛、筋肉痛、関節痛、五十肩、慢性消化器病、痔疾、冷え性

西伊豆町 堂ヶ島温泉 沢田公園露天風呂

1.これぞ名物！ 夕日風呂　2.崖の上にあり、スリルと絶景が楽しめる

沈む夕日と贅沢な湯浴みを

海底火山の噴火によってできた地層が独特の景観を見せる断崖絶壁。海を見下ろす位置に造られた絶景露天風呂からは三四郎島が望め、水平線に沈む燃えるような夕日も観賞できる。

☎ 0558-52-2400

●**住**／賀茂郡西伊豆町仁科2817-1　●**営**／9:00～19:00 ※6～8月は～20:00、10～2月は～18:00（最終受付終了30分前）　●**休**／火曜（祝日営業、翌日休み）、天候により臨時休業あり　●**¥**／大人（12歳以上）600円、子ども（6歳～12歳未満）200円　●**湯**／［露天］男1、女1　●**施**／特になし　●**交**／東名沼津ICから90分、伊豆箱根鉄道修善寺駅からバス90分徒歩5分

♨ 温泉DATA

泉　源	源泉、かけ流し、循環、加温、加水
泉　質	ナトリウム・カルシウム-硫酸塩泉
源泉温度	52.4℃
湧出量	不明
効　能	神経痛、筋肉痛、慢性消化器病、冷え性、慢性皮膚病、疲労回復

南伊豆町 下賀茂温泉 銀の湯会館

1.露天風呂には寝湯も併設　2.食事処名物「磯香そば（冷）」700円

「しお湯」でぽかぽかに

体が芯から温まる「しお湯」で知られる町営温泉施設。内湯のほか岩風呂や寝湯など3種類の露天風呂がある。目の前の青野川は河津桜約800本が咲く花見の名所で、露天風呂からも眺められる。

☎ 0558-63-0026

●**住**／賀茂郡南伊豆町下賀茂247-1　●**営**／10:00～21:00（最終受付20:20）　●**休**／水曜（祝日営業、翌日休み）　●**¥**／大人（中学生以上）1000円　小人（3歳～小学生）500円　●**湯**／［露天］男3、女3［内湯］男1、女1［その他］寝湯、ミストサウナ、ドライサウナ　●**施**／食事処、休憩所　●**交**／東名沼津IC・新東名長泉沼津ICから120分、伊豆急行下田駅から車20分

♨ 温泉DATA

泉　源	源泉、かけ流し、循環
泉　質	ナトリウム・カルシウム-塩化物温泉
源泉温度	約100℃
湧出量	毎分95ℓ
効　能	頭痛、関節痛、筋肉痛、疲労回復、美肌、冷え性

伊豆市
天城湯ヶ島温泉

テルメいづみ園

1.かけ流しの湯をたっぷり楽しめる内湯　2.露天の岩風呂

天城の自然と湧きたての湯を満喫

目の前には猫越川の清流、その背後には天城の山々が連なる自然に囲まれた素泊まり専門の宿。地下500mから汲み上げる源泉が湯船のすぐ横にあり、湧きたて、生まれたての豊富な湯をかけ流しで体感できる。

0558-85-2455

●住／伊豆市湯ヶ島2796　●営／10:00〜21:30　●休／火曜（祝日営業）　●¥／大人（中学生以上）770円、子ども（3歳〜小学生）330円 ※3時間滞在、日曜祝日は2時間）、貸切風呂1時間1100円　●湯／［露天］男1、女1［内湯］男1、女1［貸切］1　●施／休憩所、売店、宿泊（素泊まり、自炊可）　●交／東名沼津ICから60分、伊豆箱根鉄道修善寺駅から車20分

温泉DATA

泉　源	源泉、かけ流し
泉　質	ナトリウム・カルシウム-硫酸塩泉
源泉温度	53.5℃
湧出量	毎分130ℓ
効　能	神経痛、筋肉痛、冷え性、疲労回復など

伊豆市
天城温泉郷
青羽根温泉

伊豆市湯の国会館

1.岩風呂と薬湯が楽しめる露天風呂　2.レストランの一番人気メニュー「イズシカのトマトカレー」550円

泉質の異なる高温泉と低温泉

2本の自家源泉から2種類の温泉を引く。美肌効果を期待できるメタケイ酸が豊富な高温泉は、露天風呂に注がれている。少しぬめりのある低温泉は、内湯と12種類の和漢生薬が溶け込んだ薬湯で楽しめる。

0558-87-1192

●住／伊豆市青羽根188　●営／10:00〜21:00（最終受付20:30）　●休／第2・4水曜（祝日営業）　●¥／大人（中学生以上）880円、子ども（3歳〜小学生）440円　●湯／［露天］男2、女2［内湯］男2、女2［その他］ミストサウナ、ドライサウナ　●施／食事処、休憩所、売店、整体　●交／東名沼津IC・新東名長泉沼津ICから60分、伊豆箱根鉄道修善寺駅からバス20分

温泉DATA

泉　源	源泉、かけ流し、循環
泉　質	ナトリウム・硫酸塩泉、アルカリ単純泉
源泉温度	ナトリウム硫酸塩泉45℃、アルカリ単純泉25.3℃
湧出量	ナトリウム・硫酸塩泉：毎分70ℓ アルカリ単純泉：毎分120ℓ
効　能	動脈硬化症、冷え性、慢性皮膚病、神経痛、筋肉痛、疲労回復

伊豆市
中伊豆温泉

ホテルワイナリーヒル

1

2

1.時間ごとにいろいろな表情を見せる露天風呂　**2.**内湯は源泉かけ流し。飲泉も可能

充実の湯殿とワイナリー見学

「中伊豆ワイナリーヒルズ」の中にあるホテルは日帰り入浴が可能。源泉かけ流しの内湯のほか、露天風呂、水着着用のスパゾーンがある。ワイナリーの見学やバイキング(予約制)など欲張りな休日にぴったり。

0558-83-2310

●**住**／伊豆市下白岩1434　●**営**／11:00〜23:00(最終受付22:00)　●**休**／不定休　●**¥**／大人(中学生以上)770円、小人(4歳〜小学生)385円 ※土日祝日は料金が異なる　●**湯**／[露天]男1、女1[内湯]男1、女1[貸切]2[その他]ジャグジー、打たせ湯、寝湯、ドライサウナ　●**施**／休憩所、売店、宿泊　●**交**／東名沼津ICから45分、伊豆箱根鉄道修善寺駅からシャトルバス20〜30分

温泉DATA

泉　源	源泉、かけ流し、循環
泉　質	ナトリウム・カルシウム-硫酸塩泉
源泉温度	53.8℃
湧出量	毎分130ℓ
効　能	神経痛、筋肉痛、関節痛、美肌

伊豆市
新修善寺温泉

伊豆温泉村 百笑《ひゃくわらい》の湯

1

2

1.庭園を眺めながら浸かる露天風呂　**2.**群馬の名湯から源泉を取り寄せている「草津の湯」

塩の湯と炭酸泉でリフレッシュ

ホテルやジムも併設する「伊豆温泉村」の中にあり、高濃度の炭酸泉や、海水の7倍の濃度という「塩の湯」など多彩な風呂が揃う。海鮮料理が自慢の食事処、パンやハム、チーズなどの手作り工房もある。

0558-73-1126

●**住**／伊豆市瓜生野410-1　●**営**／10:00〜24:00(最終受付23:00)　●**休**／なし　●**¥**／「1日券」大人(13歳以上)1540円、小人(5〜12歳)660円、「夜間券」(18:00〜)大人1300円、小人600円 ※立ち寄り60分プランあり。土日祝日は料金が異なる　●**湯**／[露天]男3、女4[内湯]男6、女5[その他]ジャグジー、寝湯、サウナ　●**施**／食事処、休憩所、売店、エステ、宿泊　●**交**／東名沼津ICから40分、伊豆箱根鉄道大仁駅からシャトルバス5分

温泉DATA

泉　源	源泉、かけ流し、循環
泉　質	アルカリ単純温泉
源泉温度	46.5℃
湧出量	不明
効　能	神経痛、筋肉痛、関節痛、肩こり、リウマチ、冷え性など

沼津市
戸田温泉

道の駅くるら戸田 壱《いち》の湯

1.丸い陶器風呂が人気の男性用内湯　2.無料の足湯もあり旅行者に好評

かけ流しの湯をワンコインで気軽に

道の駅にある源泉かけ流しの湯処は、入浴料500円の手軽さからリピーターが続出。美肌効果が期待できると評判だ。ランチをするなら深海魚の「トロボッチフライ丼」や「ビントロアブリ丼」（各600円）がおすすめ。

☎ 0558-94-5151

●住／沼津市戸田1294-3　●営／10:00～21:00　●休／なし　●¥／大人（中学生以上）500円、小人（小学生）250円　●湯／［露天］男1、女1［内湯］男2、女2［その他］足湯　●施／食事処、売店　●交／東名沼津ICから70分、伊豆箱根鉄道修善寺駅からバス45分

♨ 温泉DATA

泉　源	源泉、かけ流し
泉　質	ナトリウム・カルシウム-硫酸塩泉
源泉温度	51.8℃
湧出量	毎分175ℓ
効　能	肩こり、腰痛、リウマチ、切り傷、やけどなど

伊豆市
土肥温泉

大江戸温泉物語 土肥《とい》マリンホテル

1.波音や潮の香りに癒やされる露天風呂　2.内湯にはサウナも完備

海辺の露天&ディナーバイキング

夕日の美しさで知られる土肥の海岸沿いに立つ。波音を感じながら入る露天風呂は、ヒーリング効果も抜群で、体の芯から温まる。地元食材を使った和洋中の創作料理が魅力のディナーバイキング付き入浴プランも好評。

☎ 0570-09-1126

●住／伊豆市土肥2791-4　●営／15:00～22:00　●休／なし（休館日あり）※混雑時は利用できない場合も　●¥／大人（中学生以上）900円、小学生500円、幼児（3歳～）300円 ※土日、特定日は料金が異なる。「日帰りディナーバイキング&入浴プラン」大人3980円、小学生1980円（要事前予約）　●湯／［露天］男1、女1［内湯］男1、女1［その他］ドライサウナ　●施／食事処、売店、エステ、マッサージ、宿泊　●交／新東名長泉沼津ICから65分、伊豆箱根鉄道修善寺駅からバス50分

♨ 温泉DATA

泉　源	源泉、循環、加水
泉　質	カルシウム・ナトリウム-硫酸塩・塩化物泉
源泉温度	57.8℃
湧出量	毎分443ℓ
効　能	神経痛、関節痛、五十肩、運動麻痺、関節のこわばりなど

函南町
柏谷温泉

湯《ゆ》~トピアかんなみ

1.大人気の貸切風呂は1カ月前から予約可能　2.露天風呂から眺める夜景も美しい

ファミリーに好評。貸切風呂&プール

岩造りの「伊豆の湯」、木の香りがする「箱根の湯」の2つの浴場(2ヵ月ごとの男女入れ替え制)があり、いずれも大風呂、富士の見える露天、寝湯などがある。貸切風呂やプールも好評で、特にファミリー層におすすめ。

055-970-0001

●**住**／田方郡函南町柏谷259　●**営**／10:00～21:00　●**休**／火曜(祝日営業、翌日休み)、1月1日　●**¥**／大人(中学生以上)700円、小人(小学生以下)300円、小学生未満無料 ※滞在3時間　●**湯**／[露天]男1、女1[内湯]男1、女1[その他]泡風呂、ジャグジー、打たせ湯、寝湯、サウナ、プールほか　●**施**／食事処、休憩所、売店ほか　●**交**／伊豆縦貫道大場函南ICから8分、JR函南駅・伊豆箱根鉄道仁田駅から送迎バスあり(曜日限定)

温泉DATA

泉　源	源泉、かけ流し、循環、加温、加水
泉　質	ナトリウム・カルシウム-塩化物・硫酸塩温泉
	60℃
源泉温度	毎分200ℓ
湧 出 量	神経痛、筋肉痛、関節痛、慢性消化器病、
効　能	疲労回復、病後回復など

三島市
三島カントリークラブ温泉

湯郷《ゆごう》三島温泉

1.「富士の湯」は昼がおすすめ　2.人気メニュー「季節の花御膳」1350円

昼は富士山、夜は夜景の絶景露天

ゴルフ場の「三島カントリークラブ」内にあり、毎分200ℓの豊富な自家源泉が自慢。眺望の良さが魅力の「富士の湯」、夜景が美しい「駿河の湯」は週ごとの男女入れ替え制。食事処の地産地消ランチも好評だ。

055-988-0600

●**住**／三島市徳倉1195　●**営**／10:00～22:00　●**休**／なし　●**¥**／大人(中学生以上)770円、小人(3歳～小学生)380円 ※土日祝日大人850円、小人420円　●**湯**／[露天]男1、女1[内湯]男1、女1[貸切]1[その他]ドライサウナ　●**施**／食事処、休憩所、売店、宿泊　●**交**／新東名長泉沼津ICから30分、JR三島駅から車20分

温泉DATA

泉　源	源泉、循環、加温
泉　質	アルカリ性単純温泉
源泉温度	29.5℃
湧 出 量	毎分200ℓ
効　能	神経痛、筋肉痛、五十肩、冷え性、健康増進、慢性消化器病

御殿場市
時之栖温泉

天然温泉 気楽坊《きらくぼう》

1.富士山を望む露天風呂　2.「展望レストラン」の一番人気メニュー「森川ラーメン」913円

多彩な湯殿とランチで1日のんびり

高原リゾート「時之栖」の天然温泉施設。高濃度炭酸泉、死海の原塩が溶け込む「死海の塩風呂」など、多彩な風呂で心身を癒やしたい。名物のイルミネーション(9〜3月)を楽しんだ後、再入館(1回)できるのも魅力。

0550-87-5126

●住／御殿場市神山719　●営／10:30〜24:00　●休／なし　●¥／「1日券」1540円、「夜間券」(18:00〜)1320円 ※土日祝日は料金が異なる　●湯／[露天]男2、女1[内湯]男5種7、女6種6[貸切]2 [その他]寝湯、ミストサウナ、ドライサウナ　●施／食事処、休憩所、売店、エステ、マッサージ　●交／東名裾野ICから10分、JR御殿場駅からシャトルバス25分

温泉DATA

泉　源	源泉、循環、加温
泉　質	アルカリ性単純温泉
源泉温度	48.1℃
湧出量	毎分450ℓ
効　能	神経痛、関節痛、筋肉痛、打ち身、くじき、冷え性

函南町
畑毛温泉

長生きの湯 富士見館

1.温度の違う3つの湯船が並ぶ　2.個室休憩でのんびり過ごせる

朝7時から、ゆったりぬる湯を満喫

国民保養温泉に指定されている畑毛温泉を、朝7時から楽しめる。低温・中温・高温の3つの浴槽があるが、おすすめは源泉に近いぬる湯。本を持参して1時間以上ゆるりと過ごす常連客も多いそうだ。

055-978-3014

●住／田方郡函南町畑毛226　●営／7:00〜20:00(17:00〜18:00入浴不可)　●休／年末年始　●¥／大人(小学4年以上)500円、小人(〜小学3年)300円 ※滞在2時間、「日帰り入浴+大広間休憩」1000円、個室休憩2000円 ※休憩は9:00〜15:00　●湯／[内湯]男1、女1[その他]超音波(ジェット)、気泡浴　●施／宿泊　●交／東名沼津ICから25分、JR函南駅からバス25分

温泉DATA

泉　源	源泉、放流型循環式(一部)、加温
泉　質	弱アルカリ性単純温泉
源泉温度	30℃
湧出量	毎分609ℓ
効　能	高血圧、神経痛、リウマチ、手術予後、交通事故後遺症、疲労回復

静岡市清水区
駿河太古の湯

クア・アンド・ホテル 駿河健康ランド

1.浜風の海気浴と化石海水の塩湯治ができる露天風呂「海気泉」
2.和食・寿司処「大漁」の「鮪ざんまい大漁定食」1480円

海底から湧き出る化石海水温泉

源泉は1000万～400万年前に海底に堆積した地層から湧き出る「化石海水」。浸透圧が高く肌に染み込みやすいのが特徴だ。4種の天然温泉、塩サウナなど20の湯とサウナがある。無料の岩盤浴も人気。

054-369-6111

●**住**／静岡市清水区興津東町1234　●**営**／24時間営業 ※女性3:00～4:00、男性4:00～5:00は入浴不可　●**休**／なし　●**¥**／大人(中学生以上)1980円、子ども(3歳以上)990円、深夜割増(3:00以降の滞在)1100円　●**湯**／[露天]男2、女2[内湯]男11、女11[その他]打たせ湯、寝湯、立湯、サウナ、ロウリュウ、岩盤浴ほか　●**施**／食事処、カフェ、休憩所、バーデゾーン(水着着用)、宿泊ほか　●**交**／東名清水ICから15分、JR興津駅から送迎バスあり

温泉DATA

泉　源	源泉、循環、加温、加水
泉　質	カルシウム・マグネシウム-塩化物冷鉱泉
源泉温度	16.4℃
湧出量	1日160t
効　能	神経痛、筋肉痛、関節痛、冷え性、慢性消化器病、病後回復など

富士宮市
富士田貫湖温泉

休暇村 富士 富士山恵みの湯

1.富士の雄姿は感動もの　2.赤富士をイメージした「紅富士丼」1320円

富士の恵みを湯で食で満喫

田貫湖畔に立ち、富士山はもちろん、湯船に映る「さかさ富士」も楽しめる湯処。レストランでのランチには富士の湧水で育ったニジマスの「紅富士丼」、地元産の「富士の幸寿豚ヒレカツ膳」がおすすめだ。

0544-54-5200

●**住**／富士宮市佐折634　●**営**／11:00～14:00(最終入館13:30)　●**休**／火曜　●**¥**／大人(中学生)以上800円 小人(4歳～小学生)400円 ※休日大人1000円、小人500円　●**湯**／[内湯]男1、女1[その他]ドライサウナ　●**施**／食事処、カフェ、売店、宿泊
●**交**／新東名新富士ICから35分、JR富士宮駅からバス45分

温泉DATA

泉　源	源泉、循環、加温、加水
泉　質	アルカリ性単純温泉
源泉温度	23.2℃
湧出量	毎分64.9ℓ
効　能	神経痛、関節痛、筋肉痛、疲労回復、慢性消化器病

静岡市葵区
口坂本温泉

口坂本《くちさかもと》温泉浴場

1.30人ほどが入れるタイル張りの内湯　**2.**加温し温度調節した100%源泉の露天　**3.**ぬるめの源泉でゆっくり浸かれる

良質な湯と空気のおいしさが自慢

井川小学校口坂本分校を改修した建物で、1977年に開業。皮脂や老廃物を流すクレンジング効果が高く、「美人泉」「美肌の湯」とも呼ばれている。食事の持ち込みOKで、近くに温泉を備えた民宿もある。

☎ **054-297-2155**

●住／静岡市葵区口坂本652　**●営**／9:30〜16:30（最終受付16:00）　**●休**／水曜（祝日営業、翌日休み）　**●¥**／大人（中学生以上）300円、子ども（3歳〜小学生）100円　**●湯**／［露天］男1、女1［内湯］男1、女1　**●施**／休憩所、売店　**●交**／新東名新静岡ICから54分、JR静岡駅からバス80分徒歩40分

温泉DATA

泉　源	源泉、かけ流し、循環、加温
泉　質	ナトリウム-炭酸水素塩温泉
源泉温度	37.5℃
湧出量	毎分36ℓ
効　能	神経痛、リウマチ、冷え性、切り傷、筋肉痛、糖尿病ほか

静岡市駿河区
曲金温泉

natural hot spring & hotel 松之湯

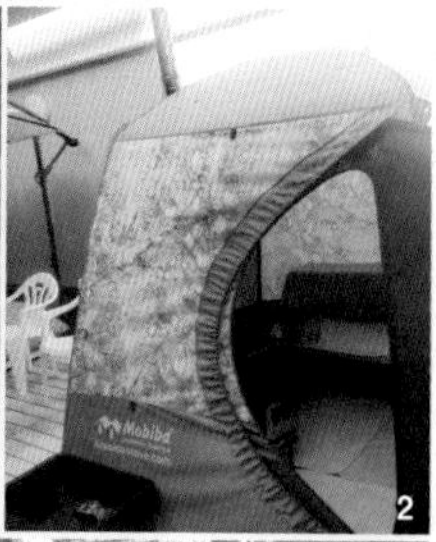

1.重厚な梁組みの「桧大風呂」　**2.**テントサウナは13:00〜16:30に開催　**3.**ミネラルが海水の約10倍の「死海の塩の湯」

テントサウナや塩の湯に挑戦

県下最大級の木造建築湯殿をはじめ、高濃度炭酸泉、水素の湯、死海の塩の湯、サウナなどバラエティー豊かな風呂が揃う。薪ストーブのストーンに自分でアロマ水をかけてセルフロウリュウが楽しめる「テントサウナ」が好評。

☎ **054-287-1126**

●住／静岡市駿河区曲金5-5-1　**●営**／10:00〜翌9:00　**●休**／なし　**●¥**／「1日券」（10時〜翌1時）1180円、「夜間券」（18時〜翌1時）1180円、「60分お立ち寄り」800円 ※土日は料金が異なる。オーバーナイト、宴会プランもある　**●湯**／［露天］男1、女1［内湯］男6、女6［その他］ドライサウナ、ロウリュウ　**●施**／食事処、休憩所、売店、マッサージ、宿泊　**●交**／東名静岡ICから10分、JR静岡駅からシャトルバス15分

温泉DATA

泉　源	源泉、循環、加温
泉　質	単純温泉
源泉温度	25℃
湧出量	毎分123.2ℓ
効　能	疲労回復、神経痛、筋肉痛、関節痛、打ち身など

静岡市葵区
梅ヶ島温泉

梅ヶ島温泉ホテル 梅薫楼《ばいくんろう》

1.石造りの貸切風呂「石風呂」。内鍵があり開いていれば自由に利用できる　2.天然硫黄泉のぬめり感と湯の華を楽しめる「壷湯」

日帰り入浴プランは1日1組限定

源泉の質と効能を守るため内湯のみ。共同浴場内の「壷湯」では源泉100%の湯に浸かれる。おすすめは1日1組限定で休憩室を独占して使える「日帰り入浴プラン」。昼食や飲み物持参で出かけよう。

054-269-2331

●住／静岡市葵区梅ヶ島5258-4　●営／11:00～14:30　●休／不定休　●¥／500円（1時間以内、予約不要）、「日帰り入浴プラン（休憩ルーム利用、ミニタオル、茶、菓子付き）」1000円 ※要予約　●湯／［内湯］男1、女1［貸切］2［その他］壷湯　●施／売店、宿泊　●交／新東名新静岡ICから55分、JR静岡駅からバス120分

温泉DATA

泉　源	源泉、かけ流し・循環併用、加温
泉　質	単純硫黄泉
源泉温度	39℃
湧出量	毎分163ℓ
効　能	神経痛、リウマチ、慢性婦人病、慢性皮膚病、神経炎、関節の運動器障害

静岡市葵区
湯ノ島温泉

湯ノ島温泉浴場

1.少しぬるっとした泉質で湯上がりの肌はしっとりすべすべ　2.玄国茶屋で人気の「天ぷらそば」770円

湯上がりは開放的な広間でのんびり

のどかな里山になじむ日帰り温泉は、木材がふんだんに使われ、天井が高く開放的な雰囲気に心が和む。湯上がりは藁科川のせせらぎを聞きながら広間でゆっくりと。食堂「玄国茶屋」では地場産品が人気。

054-291-2177

●住／静岡市葵区湯ノ島304-3　●営／9:30～16:30（最終入館16:00）　●休／木曜（祝日営業、翌日休み）、年末年始　●¥／大人（中学生以上）600円、子ども（3歳以上）300円　●湯／［内湯］男1、女1　●施／休憩所、売店、マッサージ・整体（水・金・日曜）、食事処「玄国茶屋」　●交／新東名静岡スマートICから30分、JR静岡駅からバス80分（谷津ターミナルからのデマンドバスは要事前予約）

温泉DATA

泉　源	源泉、循環、加温
泉　質	ナトリウム-炭酸水素塩温泉
源泉温度	25.6℃
湧出量	毎分75.6ℓ
効　能	切り傷、やけど、慢性皮膚炎、神経痛、筋肉痛、五十肩

静岡市駿河区 用宗みなと温泉

用宗《もちむね》みなと温泉

1.女湯の露天風呂には安心して外を眺められる富士見小屋を設置
2.マグロ加工場をリノベーションした建物

富士山と漁港を望む露天風呂

用宗漁港前にあり、露天風呂からのどかな港の風景やこの地ならではの富士山を眺められる。弱アルカリ性の湯は美肌に良いとされ、体の芯まで温まる。主浴槽、水風呂、高濃度炭酸泉には天然地下水を使っている。

054-256-4126

●**住**／静岡市駿河区用宗2-18-1 ●**営**／10:00～24:00(最終受付23:00) ※土日祝日9:00～ ●**休**／なし ●**¥**／会員700円、一般800円、小学生まで350円 ※土日祝日は料金が異なる。回数券あり ●**湯**／[露天]男1、女1[内湯]男3、女3[その他]遠赤外線サウナ ●**施**／食事処、休憩所、売店 ●**交**／東名静岡ICから10分、JR用宗駅から徒歩11分

温泉DATA

泉源	源泉、加温
泉質	ナトリウム・カルシウム-塩化物泉
源泉温度	26.9℃
湧出量	毎分27ℓ
効能	切り傷、末梢循環障害、冷え性、皮膚乾燥症

静岡市葵区 梅ヶ島温泉

梅ヶ島温泉 湯元屋《ゆもとや》

1.硫黄の匂いに包まれる内湯。ぬめりのある湯が心地良い 2.自家農園の蕎麦で手打ちした「もりそば」1100円

入浴後は蕎麦&おでんでひと休み

源泉かけ流しにこだわった日帰り温泉併設の食事処。自家製の静岡おでん、自家農園で育てた蕎麦から作る手打ち蕎麦、イワナやアユなどの川魚、猪鍋(要予約)が名物。入浴とセットになったコースもある。

054-269-2318

●**住**／静岡市葵区梅ヶ島5258-13 ●**営**／11:00～18:00 (16:00LO) ●**休**／木曜(季節により営業) ●**¥**／700円(タオル別200円)、「湯元屋おすすめコースA:入浴＋おでん5本＋とろろそば(冷し)」2200円、「湯元屋おすすめコースB:入浴＋おでん5本＋とろろそば(冷し)＋鹿のたたき＋岩魚塩焼き」3700円 ●**湯**／[露天]男1、女1[内湯]男1、女1 ●**施**／売店、食事処 ●**交**／新東名新静岡ICから55分、JR静岡駅からバス120分

温泉DATA

泉源	源泉、かけ流し、加温
泉質	単純硫黄泉
源泉温度	39℃
湧出量	毎分163ℓ
効能	神経痛、リウマチ、神経炎、慢性皮膚病、慢性婦人病、創傷など

焼津市
やいづ黒潮温泉

ホテルアンビア 松風閣《しょうふうかく》

1.駿河湾越しの富士を眺められる露天風呂　2.特選中華ランチ＋入浴プランは3300円

富士と駿河湾を望む絶景風呂

温泉総選挙リフレッシュ部門2年連続1位受賞のやいづ黒潮温泉を堪能できるリゾートホテル。海抜90mの露天風呂から駿河湾と富士山、伊豆連山が一望できる。ランチ（懐石または中華）付きのプランもおすすめ。

054-628-3131

●**住**／焼津市浜当目海岸通り星が丘　●**営**／13:00〜15:30 ※金〜日曜12:00〜　●**休**／ホテル休館日に準じる　●**¥**／大人（中学生以上）2200円、子ども（4歳〜小学生）1100円、「和食（入浴付き）プラン」3300円〜　●**湯**／［露天］男1、女1［内湯］男2、女2［その他］ジャグジー、ミストサウナ、ドライサウナ　●**施**／食事処、売店、宿泊　●**交**／東名焼津ICから10分、JR焼津駅からシャトルバス8分

温泉DATA

泉源	源泉、循環
泉質	ナトリウム・カルシウム-塩化物泉
源泉温度	50℃
湧出量	不明
効能	神経痛、リウマチ、筋肉痛、慢性婦人病、冷え性、関節痛

焼津市
やいづ黒潮温泉

エキチカ温泉・くろしお

1.駅からの近さと良質な天然温泉が人気の理由　2.5000冊のコミック&雑誌、無料コーヒーを備えたライブラリー

入浴法は温泉ソムリエにお任せ

塩分濃度が海水の半分という温泉は、肌に残った塩分が汗の蒸散を防ぎ、保温・保湿効果が抜群。気泡が全身を包む美泡風呂、ラジウムサウナも人気だ。温泉ソムリエが常駐しているのでなんでも聞いてみよう。

054-627-7200

●**住**／焼津市栄町1-13-1　●**営**／10:00〜翌9:00　●**休**／なし　●**¥**／大人（中学生以上）1時間580円、2時間750円、3時間900円、フリータイム1400円 ※小学生〜4歳390円、0〜3歳100円　●**湯**／［内湯］男4、女4［その他］ドライサウナ　●**施**／食事処、カフェ、休憩所、売店、エステ、マッサージ　●**交**／東名焼津ICから10分、JR焼津駅から徒歩2分

温泉DATA

泉源	源泉、循環、加温
泉質	カルシウム・ナトリウム-塩化物温泉
源泉温度	46.4℃
湧出量	毎分314.3ℓ
効能	冷え性、末梢循環障害、胃腸機能低下、産後回復期、疲労回復

島田市 島田田代温泉
田代の郷温泉 伊太和里《いたわり》の湯

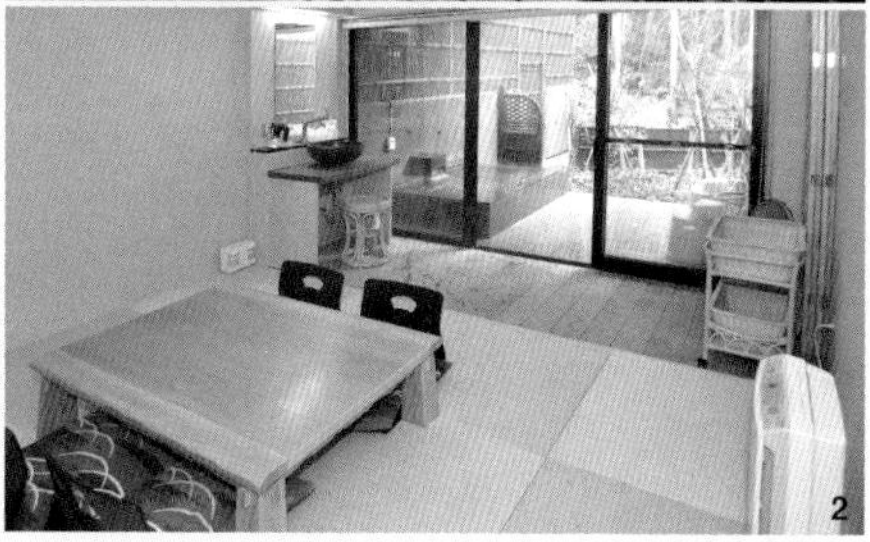

1.「満天の湯」の内湯。窓越しに広がる風景に心が安らぐ　2.6畳の和室と御影石の露天風呂がある貸切風呂「露天」

心と体をいたわる美肌の湯

「森林の湯」と「満天の湯」、2つの大浴場はいずれも自然に囲まれたロケーションが自慢。内風呂には美肌効果があるといわれる源泉を使用。露天風呂にはシルク風呂や人工炭酸泉もある。部屋付きの貸切風呂も人気だ。

☎ 0547-33-1148

●住／島田市伊太1-22　●営／9:00～21:00（最終受付20:30）※土日祝日8:00～　●休／月曜（祝日営業、直近の平日休み）　●¥／大人（中学生以上）520円、小学生310円、「貸切風呂」5人まで2時間2090円 ※入館料別途、要予約　●湯／［露天］男1、女1［内湯］男1、女1［貸切］2［その他］寝湯　●施／食事処、休憩所、売店、マッサージ　●交／新東名島田金谷ICから20分、JR島田駅からバス30分

♨ 温泉DATA

泉源	源泉、かけ流し、循環
泉質	ナトリウム-塩化物・炭酸水素塩温泉
源泉温度	43.4℃
湧出量	毎分116ℓ
効能	神経痛、筋肉痛、関節痛、運動麻痺、冷え性、疲労回復、打ち身

藤枝市 瀬戸谷温泉
瀬戸谷《せとや》温泉ゆらく

1.鳥のさえずりが聞こえる露天風呂　2.見た目こってり、食べるとあっさりの「こっさり豚骨すぎ多ラーメン」770円

ファミリーにうれしい設備が充実

2020年3月にリフレッシュオープン。キッズルーム、授乳室を完備し、食事処が「めし処 すぎ多」に変わり麺類が充実。内湯と露天は、皮脂を落とし肌の潤いを保つ天然温泉で、血行を良くするといわれる人工炭酸泉の風呂も好評。

☎ 054-639-1126

●住／藤枝市本郷5437　●営／9:00～21:00　●休／月曜（祝日営業、翌日休み）　●¥／大人（中学生以上）510円、子ども（3歳～小学生）300円 ※4時間まで。延長可　●湯／［露天］男1、女1［内湯］男1、女1［その他］ドライサウナ、ラムネ風呂　●施／食事処、休憩所、売店、産地直売所ほか　●交／藤枝バイパス谷稲葉ICから15分、JR藤枝駅からバス30分 ※木・土曜シャトルバス運行

♨ 温泉DATA

泉源	源泉、循環、加温、加水
泉質	ナトリウム-炭酸水素塩・塩化物温泉
源泉温度	32℃前後
湧出量	毎分32ℓ
効能	神経痛、筋肉痛、関節痛、五十肩、切り傷、やけど、慢性婦人病

島田市
川根温泉

大井川鐵道 川根温泉ホテル

1.開放感のある内湯。湯冷めしにくいとろみのあるお湯が特徴　2.地元食材を使った料理が並ぶバイキング

ランチバイキングとのセットが人気

SLの雄姿を眺めることができる希少なホテル。湯は源泉かけ流しの内湯と、炭酸泉の露天風呂。ホテル自慢の料理が40品以上並ぶランチバイキングと入浴のセットが好評だ。休業の場合もあるためHPで確認を。

☎ 0547-53-4320

●住／島田市川根町笹間渡195-1　●営／12:00〜18:00(最終受付17:00)　●休／なし　●¥／大人(中学生以上)520円、小学生310円、幼児無料、「ランチバイキング＋入浴セット」大人2600円、小学生1300円、幼児550円　●湯／[露天]男1、女1[内湯]男1、女1[その他]サウナ　●施／食事処、休憩所、売店、宿泊　●交／新東名島田金谷ICから25分、大井川鐵道川根温泉笹間渡駅から徒歩6分

温泉DATA

泉　源	源泉、かけ流し
泉　質	ナトリウム-塩化物温泉
源泉温度	48.7℃
湧出量	毎分730ℓ
効　能	神経痛、筋肉痛、慢性皮膚病、冷え性、切り傷、やけどなど

島田市
川根温泉

川根温泉 ふれあいの泉

1.SLの豪快な走りを間近で眺められる露天風呂　2.20mの屋内温水プール(水着着用)。温泉エリアより近くでSLが見られる

迫力あるSLと源泉かけ流しの湯

「道の駅川根温泉」の一角にあり、SLが見える露天風呂と全浴槽源泉かけ流しの湯が自慢。ほかに温水プールや温泉スパ、産直品が並ぶ売店、無料の足湯、ドッグランなどを併設。丸一日満喫できる。

☎ 0547-53-4330

●住／島田市川根町笹間渡220　●営／9:00〜21:00　●休／火曜(祝日営業、翌日休み)　●¥／大人(中学生以上)520円、小学生310円、「プール」大人730円、小学生310円、「温泉＋プール」大人1040円、小学生520円 ※幼児無料　●湯／[露天]男5、女4[内湯]男1、女1[その他]ジャグジー、打たせ湯、寝湯、サウナ、岩盤浴　●施／食事処、休憩所、売店、宿泊ほか　●交／新東名島田金谷ICから25分、大井川鐵道川根温泉笹間渡駅から徒歩5分

温泉DATA

泉　源	源泉、かけ流し、加温
泉　質	ナトリウム-塩化物温泉
源泉温度	49℃前後
湧出量	毎分730ℓ
効　能	神経痛、筋肉痛、慢性皮膚病、冷え性、切り傷、やけどなど

川根本町 寸又峡温泉 湯屋 飛龍の宿

1.男女別の趣向を凝らした露天風呂がある　2.夜は満天の星に包まれる秘境の宿

秘境に湧く美女づくりの湯

「湯屋」の屋号を名乗る風呂自慢の宿。寸又峡温泉は「美女づくりの湯」として知られ、しっとりやわらかな肌ざわり。とろりとやわらかな湯は肌がすべすべになると評判だ。自然に包まれた露天風呂で美女を目指そう。

0547-59-3110

●**住**／榛原郡川根本町千頭350　●**営**／11:00～18:00　●**休**／不定休 ※事前確認を　●**¥**／大人（中学生以上）500円、子ども（3歳～小学生）300円　●**湯**／［露天］男1、女1［内湯］男1、女1　●**施**／売店、宿泊　●**交**／新東名島田金谷ICから70分、大井川鐵道千頭駅からバス40分

温泉DATA

泉　源	源泉、かけ流し・循環併用
泉　質	単純硫黄泉
源泉温度	43℃
湧出量	毎分600ℓ
効　能	慢性関節リウマチ、神経痛、皮膚病、美肌

川根本町 寸又峡温泉 晴耕雨読《せいこううどく》ヴィレッジ

1.気兼ねなくくつろげる貸切風呂　2.足湯カフェから寸又渓谷の絶景を眺められる

貸切風呂&足湯カフェでのんびり

「美女づくりの湯」とも言われる化粧水のようなとろりとした温泉を貸切で独占できる。足湯に浸かりながらオリジナルのランチや地元食材にこだわったジェラートを楽しめる「足湯カフェ」もある。

0547-59-2333

●**住**／榛原郡川根本町千頭375　●**営**／12:00～17:00（最終受付16:30、季節により変動あり）　●**休**／月・火・水・木曜（12～3月中旬は冬季休業）　●**¥**／1000円（45分、オリジナルタオル付き）　●**湯**／【貸切】3 ※各定員5人　●**施**／宿泊、足湯カフェ　●**交**／新東名島田金谷ICから80分、大井川鐵道千頭駅からバス40分

温泉DATA

泉　源	源泉、かけ流し、加温
泉　質	アルカリ性単純硫黄泉
源泉温度	43.7℃
湧出量	毎分540ℓ
効　能	神経痛、筋肉痛、関節痛、慢性消化器病、慢性皮膚病、慢性婦人病、糖尿病

牧之原市
子生れ温泉

さがら子《こ》生《うま》れ温泉会館

1.木の温もりが心地いい「荻の湯」の内湯　2.力強い岩造りの「愛鷹の湯」の露天

「子生れ石」伝説ゆかりの湯

遠州七不思議の「子生れ石」伝説が伝わる寺に隣接。雰囲気の異なる2種の浴槽があり、1週間ごとに男女が入れ替わる。塩分が多い泉質で保温効果抜群。ユズ、桧などの変わり湯や、貸切の家族風呂もある。

0548-54-1126

●**住**／牧之原市西萩間672-1　●**営**／10:00〜21:00　●**休**／第2火曜　●**¥**／大人(中学生以上)4時間550円、子ども(3歳〜小学生)4時間300円、「家族風呂」2時間2300円(要予約)、「個室」1時間550円(要予約)　●**湯**／[露天]男1、女1[内湯]男3、女3[貸切]1[その他]ドライサウナ　●**施**／食事処、休憩所、売店、マッサージ
●**交**／東名牧之原ICから5分、JR金谷駅からバス30分徒歩2分

温泉DATA

泉源	源泉、かけ流し、循環、加温
泉質	ナトリウム-塩化物温泉
源泉温度	27.4℃
湧出量	毎分49.6ℓ
効能	神経痛、関節痛、冷え性、慢性婦人病、疲労回復、慢性消化器病

川根本町
接岨峡温泉

接岨《せっそ》峡温泉 森林露天風呂

1.とろみのあるぬる湯でリラックス　2.トロッコ列車を間近に見られると鉄道ファンにも人気

トロッコ列車が目の前を走る!

山あいを走り抜けるトロッコ列車を眺める露天風呂が自慢。古い角質や皮脂汚れを落とし、肌がつるつるになると好評だ。秋田県の玉川温泉で知られる北投石の成分が入った内湯はやわらかな感触が魅力。

0547-59-3721

●**住**／榛原郡川根本町犬間165-6　●**営**／10:00〜19:00
●**休**／毎月8・18・28日　●**¥**／大人(中学生以上)605円、子ども(5歳〜小学生)385円 ※4歳以下入浴不可、「個室休憩＋入浴」1870円(10:00〜15:00)　●**湯**／[露天]男1、女1[内湯]男1、女1
●**施**／宿泊　●**交**／新東名島田金谷ICから80分、大井川鐵道接岨峡温泉駅から徒歩1分

温泉DATA

泉源	源泉、加温
泉質	ナトリウム・炭酸水素塩冷鉱泉
源泉温度	23℃
湧出量	毎分20ℓ
効能	神経痛、打ち身、くじき、慢性消化器病、冷え性、疲労回復、健康増進

掛川市 倉真温泉 倉真温泉 翠月《すいげつ》

1.肌にしっとりなじむ美肌の湯が堪能できる　2.牛、豚、鴨肉から好きなものが選べる「お茶しゃぶしゃぶ」

美肌の湯と季節の和食

田舎の風景が残る山間に立つ、縁側のある平屋造りの宿。美肌の湯として知られる温泉はもちろん、季節の会席料理も自慢。煎茶で味わう名物「お茶しゃぶしゃぶ」が味わえる「昼食+部屋休憩付きプラン」でくつろぎたい。

0537-29-1021

●**住**／掛川市倉真5325　●**営**／10:00〜14:00　●**休**／不定休 ※事前確認を　●**¥**／1000円、「日帰り入浴＋昼食＋部屋休憩」(「季節の料理」5500円、「お茶しゃぶしゃぶ」6000円〜)※前日までの要予約　●**湯**／[内湯]男1、女1　●**施**／休憩所(客室)、売店、宿泊　●**交**／東名掛川ICから20分、JR掛川駅からバス25分

温泉DATA

泉　源	源泉、循環、加温
泉　質	単純硫黄泉
源泉温度	16℃
湧出量	不明
効　能	リウマチ、神経痛、糖尿病、皮膚病、婦人病、胃腸病

掛川市 掛川つま恋温泉 掛川つま恋温泉 森林の湯

1.「内の湯」の露天風呂は眺望が魅力　2.森林の中に露天が並ぶ「外の湯」

自然豊かなリゾートで湯三昧

「つま恋リゾート」の中にあり、8つの露天が並ぶ「外の湯」と、「お茶風呂」「歩行湯」など多彩な湯が楽しめる「内の湯」が日替わりで男女入れ替えになる。サウンドイルミネーション(11〜6月)と入浴のセットプランも好評。

0537-24-2641

●**住**／掛川市満水2000　●**営**／6:30〜8:00、12:00〜23:00(最終受付22:30)※土日曜 6:30〜23:00(同22:30)※2021年3月までは時間が異なる　●**休**／なし　●**¥**／大人(中学生以上)1100円、小学生550円 ※「イルミネーション+入浴プラン」あり　●**湯**／[露天]内の湯8、外の湯8[内湯]内の湯2、外の湯1[その他]寝湯、立湯ほか　●**施**／食事処、休憩所、売店、エステ、宿泊　●**交**／東名掛川ICから30分、JR掛川駅から車15分

温泉DATA

泉　源	源泉、循環、加温、加水
泉　質	ナトリウム-塩化物温泉
源泉温度	34℃
湧出量	毎分34ℓ
効　能	神経痛、関節痛、疲労回復、打ち身、くじき、運動麻痺など

浜松市西区
弁天島温泉

浜名湖リゾート&スパ ジ・オーシャン

1.大浴場から見える内浦湾の景観が素晴らしい　2.大人気のウナギ蒲焼「ぼく飯重」2000円

浜名湖を満喫! オーシャンビュー

開放感あふれる大浴場から、弁天島大鳥居など浜名湖の絶景が楽しめる。空と湖が赤く染まる夕焼けも必見。舟形陶器風呂でプライベートバス気分を満喫するのも贅沢だ。ランチにはウナギの「ぼく飯重」がおすすめ。

053-592-1155

●**住**／浜松市西区舞阪町弁天島3285-88　●**営**／11:00～20:00　●**休**／水曜　●**¥**／1000円(バスタオル、フェイスタオル貸し出し付き)　●**湯**／[内湯]男1、女1[その他]舟型陶器風呂(テラス)　●**施**／食事処、休憩所、売店、マッサージ、宿泊　●**交**／東名浜松西ICから20分、JR弁天島駅から徒歩2分

温泉DATA

泉源	源泉、循環、加温、加水
泉質	ナトリウム・カルシウム-塩化物冷鉱泉
源泉温度	19.0℃
湧出量	毎分339ℓ
効能	抹梢循環障害、胃腸機能の低下、自律神経不安定症、神経痛、打撲など

磐田市
磐田天神の湯

磐田天神の湯 磐田グランドホテル

1.黒褐色の湯をたたえた風情ある岩風呂　2.しっとりすべすべになる湯で体の芯から温まる

珍しい黒褐色の湯ですべすべに

敷地内の地下1500m太古の地層から採取する珍しい黒褐色の湯が自慢。ぬるぬるとした湯ざわりで、肌がすべすべになると好評だ。温泉+ランチ、温泉+部屋休憩のプランもあるのでお好みでゆったり過ごせそう。

0538-34-1211

●**住**／磐田市岩井2280　●**営**／11:00～23:00(最終受付22:00)　●**休**／なし　●**¥**／大人(中学生以上)1500円、小学生以下750円、「湯～ったり温泉ランチ」(日帰り入浴+ランチ)1人3200円 ※客室休憩プランもある　●**湯**／[内湯]男1、女1[その他]ドライサウナ　●**施**／食事処、カフェ、休憩所、売店、宿泊　●**交**／東名磐田ICから5分、JR磐田駅からバス20分

温泉DATA

泉源	源泉、循環、加温
泉質	アルカリ性単純温泉
源泉温度	35.1℃
湧出量	毎分119ℓ
効能	神経痛、筋肉痛、冷え性、疲労回復、美肌など

浜松市浜北区 あらたまの湯 あらたまの湯

1.黒を基調とした石造りの「石庭の湯」 2.白と木をテーマにした「森林の湯」男女週替わり

美肌をつくる!? とろみの湯

「美肌の湯」として知られるとろみの湯は肌に馴染んですべすべになると評判。内湯は天井が高く開放感があり、石庭露天からは緑豊かな庭を、森林露天からは新緑を一望。贅沢な湯浴みが堪能できる。

053-582-1126

●**住**／浜松市浜北区四大地9-921 ●**営**／9:00～21:00（最終受付20:00） ●**休**／第1・3月曜 ●**¥**／大人（中学生以上）720円、70歳以上（要年齢確認）・小学生360円、幼児無料 ●**湯**／[露天]男4、女4[内湯]男3、女3[貸切]1[その他]ジェットバス、ドライサウナ、日替わり湯、足湯（土日祝日のみ） ●**施**／食事処、休憩所、売店、リラクゼーション ●**交**／新東名浜松スマートICから5分、東名浜松ICから40分、天竜浜名湖鉄道宮口駅からバス8分

温泉DATA

泉源	源泉、かけ流し、循環、加温
泉質	ナトリウム-炭酸水素塩泉
源泉温度	35.0℃
湧出量	毎分60.9ℓ
効能	痛風、糖尿病、肝疾患、胆石、筋肉痛、関節痛など

浜松市西区 雄踏温泉 THE HAMANAKO《ザ ハマナコ》

1.リゾート感を演出した露天風呂 2.風光明媚な浜名湖畔に立つ

温泉&ランチでリゾート気分

大人のためのラグジュアリーホテル。バリ風のリゾート感あふれる露天風呂に加え、女性の内湯には炭酸風呂やシルク風呂も。入浴と、フレンチ・中華・和食から選べるランチ&部屋休憩の「ゆうゆうプラン」も好評だ。

053-592-2222

●**住**／浜松市西区雄踏町山崎4396-1 ●**営**／12:00～18:00（最終受付17:00）※金曜は15:00から ●**休**／なし ※繁忙日は入場制限あり ●**¥**／大人（中学生以上）1200円、小人（3歳～小学生）600円、2歳以下無料、「日帰りゆうゆうプラン」（日帰り入浴＋ランチ＋部屋休憩）6000円 ●**湯**／[露天]男1、女1[内湯]男1、女1[その他]サウナ ●**施**／食事処、カフェ、売店、宿泊ほか ●**交**／東名浜松西ICから20分、JR舞阪駅から送迎バス7分

温泉DATA

泉源	源泉、循環、加温、加水
泉質	ナトリウム・カルシウム-塩化物温泉
源泉温度	26.3℃
湧出量	毎分90ℓ
効能	神経痛、筋肉痛、関節痛、打ち身、慢性消化器病、慢性皮膚病など

寄り道スポット

近場で湯ったり
日帰り0泊温泉INDEX

温泉施設

企画・編集　静岡新聞社 出版部

スタッフ
海野しほこ　梶歩　河田詩音　金良姫
権田記代子　外由美子　瀧戸啓美　手老五月　永井麻矢
野寄晴義　御宿千香子　水口彩子

カメラ
深澤二郎　依田崇彦

フォーマットデザイン、装丁
AD COOK 若林卓
レイアウト
塚田雄太

本書の取材・制作にあたり、アンケートや画像提供にご協力いただいた市町観光協会および観光課、商工会、関連団体など関係各位に厚く御礼申し上げます。

ぐるぐる文庫Special
近場で湯ったり 日帰り0泊温泉

2021年 3月19日　初版発行
2022年 7月 8日　第3刷発行

著　者　静岡新聞社
発行者　大須賀　紳晃
発行所　静岡新聞社
〒422-8033　静岡市駿河区登呂3-1-1
TEL 054-284-1666

印刷・製本　三松堂株式会社

ISBN978-4-7838-2624-8 C0036